PEQUEÑOS
CURIOSOS
ESPERAN POR
NOSOTROS

PEQUEÑOS CURIOSOS ESPERAN POR NOSOTROS

MARITZA CUENCA DÍAZ

D'McPherson

EDITORIAL

DmcphersonEdit

dmcphersoneditorial

dmcphersoneditorial

Los padres reciben a sus hijos llenos de sueños, aspiraciones y grandes expectativas, esperan que se conviertan en personas seguras, felices y de manera general competentes para liderar proyectos empresariales, artísticos, científicos, entre otros. Pero no siempre ocurre como se piensa, muchos padres sufren decepciones y comienzan a encontrar escollos que les impiden conseguir en su descendencia un ritmo exitoso en el desarrollo intelectual desde las edades tempranas. Esta situación se refleja rápidamente en las dificultades en el aprendizaje, que se hacen más evidentes cuando los menores ingresan a la escuela y repercuten de manera negativa en el desarrollo de la personalidad en formación. El niño puede experimentar

entonces sentimientos de frustración, temor o baja autoestima, entre otras emociones que dejarán inevitables huellas. ¿Cuál es la causa principal de tan lastimosa situación?: El desconocimiento de la familia para modelar e implementar acciones educativas, en las que aprovechando las propias peculiaridades de los niños, se potencie la curiosidad desde de los primeros seis años de vida, considerados los más importantes para estimular el desarrollo intelectual.

La familia debe conocer que la posibilidad de responder a los estímulos provenientes del medio está presente desde el nacimiento. El reflejo incondicionado, denominado de forma muy original "¿Qué es esto?" expresa las reacciones que le permiten al niño orientarse con acierto en el mundo que lo rodea como resultado del perfeccionamiento sensoperceptual. De esta manera, se puede apreciar su disposición a manipular todo lo que encuentra en su entorno, incluso las diferentes partes de su cuerpo.

La curiosidad tiene su génesis en este reflejo y es inherente a la propia naturaleza humana. ¿Por qué entonces, en edades más avanzadas, muchos niños manifiestan apatía, no disfrutan de la actividad de estudio, no realizan acciones dirigidas a obtener nuevos conocimientos, y ante las primeras dificultades, abandonan la tarea cognitiva o esperan que otros la realicen por ellos?

La sed de saber y el deseo de apropiarse de la realidad que circunda al niño en sus más diversas manifestaciones, se hacen más explícitos al arribar a los tres años, con el infatigable placer por preguntar. Sin embargo, uno de los errores que se cometen a diario por los padres es evadir las preguntas de los pequeños, a lo que se suma limitar la posibilidad de accionar con los objetos. Actitudes como estas hacen que la curiosidad infantil se extinga, en lugar de ampliarse y transformarse en verdaderos intereses cognoscitivos que movilicen la apropiación de procedimientos mentales imprescindibles para garantizar la efectividad del aprendizaje y convertirlo en una actividad placentera y divertida.

Estimular el desarrollo intelectual aprovechando la curiosidad: una posibilidad y responsabilidad de la familia.

Oportunidades de la curiosidad para el desarrollo intelectual

La estimulación para el desarrollo intelectual gana mayor reconocimiento cada día. Afortunadamente se incrementan los estudios que rechazan las posturas biogenéticas. Se reconoce así el valor de la educación para el desarrollo, que siguiendo las principales tesis de la teoría histórico-cultural, debe ser capaz de conducirlo a niveles superiores expresados en la independencia cognitiva.

Sin embargo, no toda la educación que reciben los niños es verdaderamente potenciadora del desarrollo intelectual, sobre todo porque a pesar de que el proceso educativo adquiere un papel rector con respecto al propio desarrollo, no puede violar las leyes que lo rigen.

Importante

Resulta necesario que la familia comprenda las regularidades del desarrollo en las primeras edades, solo así podrá favorecerlo. Cuando no se conoce cómo transcurre el desarrollo intelectual, pero existe el afán de promoverlo, se pueden cometer algunos errores.

Uno de los errores más frecuentes es frenar el desarrollo de la curiosidad, desatendiendo los principales intereses de los niños mediante la imposición del aprendizaje de conocimientos y habilidades que los adultos consideran necesarios y que los niños muchas veces logran "aprender", pero solo de manera formal, como resultado de una mera ejercitación o entrenamiento que los sustraen de aquellas actividades que resultan significativas y placenteras como el juego.

Es muy frecuente encontrar pequeños de tres años que pueden recitar largas poesías, seguir la serie de números naturales hasta altas cifras, nombrar países y sus capitales. Sin embargo, esto no tiene ningún significado para ellos, es solo una cadena verbal que se repite de manera mecánica.

Detrás de estos "aprendizajes" suele estar solamente el deseo de agradar al adulto, de impresionar, de ser felicitado, mas no la necesidad de revelar las relaciones cuantitativas como una cualidad que distingue las manifestaciones de los objetos con los que interactúan, o el placer de apreciar la musicalidad de un verso y advertir la forma tan amena que utilizó un poeta para hablar de determinado tema o presentar una historia. Mucho menos se ha desarrollado el interés por conocer los diferentes países, sus capitales y su ubicación en un mapa, pues no tienen la noción de lo que esto representa.

Se confunde el desarrollo intelectual con la posibilidad de acelerarlo, adelantando aprendizajes básicos de la escuela primaria, como la lectura y la escritura, pensando que estará mejor preparado para su vida futura. No se reconoce que en los seis primeros años el niño vive una etapa importante y que la tarea de los adultos es lograr que experimente el placer por conocer el mundo que lo rodea, a partir de la satisfacción de las necesidades e intereses que surgen en las más disímiles actividades de la vida cotidiana.

Estimular el desarrollo intelectual no implica acelerar el desarrollo ampliando el volumen de conocimientos poco significativos para los niños.

Aproveche las inquietudes que surgen al interactuar con los pequeños en diferentes actividades (alimentación, baño, paseo, juego, observación de videos, entre otras), para ofrecer conocimientos pertinentes y despertar el interés por obtener otros.

La educación favorecedora del desarrollo intelectual lo amplifica mediante el despliegue máximo de aquellas peculiaridades que son propias de estas edades, entre las cuales se destaca la sed por conocer el mundo que lo rodea, expresada en su incesante curiosidad.

El desarrollo de la curiosidad y su despliegue en intereses cognitivos constituyen aspectos principales de una educación favorecedora del desarrollo intelectual. Esta afirmación se sustenta en la unidad existente entre lo cognitivo y lo afectivo y su determinación en la regulación del comportamiento, demostrada ampliamente por la Psicología.

De este modo, una educación favorecedora del desarrollo intelectual debe considerar no solo la estimulación de procesos cognitivos, sino también de los afectivos, solo así se generará una actitud positiva hacia el aprendizaje, que constituye su motor impulsor. Sin embargo, no se trata de ampliar el volumen de conocimientos, sino de enriquecer procesos cognitivos como la percepción, la memoria, el pensamiento y la imaginación; al mismo tiempo, los resultados de estos procesos propician emociones, sentimientos e intereses cognitivos.

En consecuencia, el perfeccionamiento de las acciones perceptuales y de operaciones del pensamiento que le permiten identificar, comparar, clasificar, establecer relaciones entre los fenómenos de la realidad y ampliar sus conocimientos está estrechamente ligado al deseo de aprender y buscar de manera incansable nueva información para alcanzar mayores niveles de profundidad. Todo lo cual es expresión del desarrollo de la curiosidad infantil, reconocida como un valioso indicador de desarrollo intelectual en los primeros seis años de vida.

La educación intelectual no puede reducirse a la ampliación del volumen de conocimientos, al desarrollo de habilidades intelectuales o a la formación de procedimientos propios de la actividad intelectual, pues justamente se logra mediante el constante desarrollo de la curiosidad.

La curiosidad se constituye en una valiosa cualidad de la personalidad expresada en la actitud cognoscitiva, que se manifiesta en la vida cotidiana ante todos los objetos y fenómenos naturales y sociales con los que interactúa el niño, incluyendo su propio yo físico y psíquico.

La presencia de la curiosidad se caracteriza por la actitud positiva hacia un amplio círculo de objetos y fenómenos que se constituyen en fuente de su surgimiento y formación. El deseo de conocerlos desencadena una serie de inquietudes, que se satisfacen mediante la activa participación de los analizadores y el lenguaje.

La curiosidad, como cualidad de la personalidad infantil en formación, está estrechamente relacionada con la proyección y realización de acciones dirigidas a obtener conocimientos. Entre estas acciones pueden citarse: la exploración mediante su descomposición en partes, la búsqueda de relaciones mediante la realización de experimentos, y por supuesto, las preguntas a los adultos.

Al captar el vuelo de las aves el niño pregunta qué pájaros son esos, por qué van todos juntos, a dónde van, por qué vuelan tan alto, o si las gallinas, pueden alcanzarlos.

La familia, en lugar de evitar o coartar el desarrollo de estas acciones debe promoverlas. La organización de la conducta para buscar información y la satisfacción que se experimenta al encontrarla son índices que permiten identificar el desarrollo de la curiosidad infantil.

Los niños realizan con gran placer acciones dirigidas a satisfacer su curiosidad, o a comprobar una suposición o hecho; por lo tanto, a pesar de que en algunos casos pasan largo tiempo realizando una tarea no demuestran cansancio. A veces estas acciones pueden poner en riesgo los objetos que exploran, o ellos mismos pueden dañarse, se trata entonces de acompañarlos, guiarlos en la exploración de la realidad.

Los adultos y en especial los miembros de la familia, en calidad de principales mediadores del desarrollo intelectual de los infantes, deben estar preparados para ampliar la curiosidad de los miembros más pequeños del hogar y satisfacer su sed de conocimiento brindando información verídica, situación que muchas veces constituye un verdadero reto.

La satisfacción de los intereses cognitivos de los niños está mediada por la familia, quien puede brindar ayuda, pero esta nunca debe suplir la actividad del menor, pues se impediría el desarrollo de sus acciones intelectuales y la disposición para investigar, con la consecuente pérdida de la posibilidad de experimentar placer, al encontrar por sí mismo soluciones a los problemas y nuevos conocimientos.

- Sea paciente ante las cadenas de interrogantes que suelen hacer los niños.
- Escuche y responda siempre con la verdad.
- Aproveche las preguntas para generar la necesidad de buscar nuevos conocimientos.
- Ante una pregunta que no pueda responder, invítelo a buscar el conocimiento por diferentes vías.
- Demuestre el interés por ayudarlo a conocer.
- Felicítelo por mostrar deseos de saber.

Los padres no deben asumir actitudes incriminatorias ante las constantes inquietudes y experimentos infantiles.

La curiosidad constituye el primer peldaño de la actitud cognoscitiva. Cuando comienza a estabilizarse y perfilarse hacia uno u otros fenómenos u objetos de la realidad se transforma en interés cognitivo, cuyo rasgo principal es su relación con la actividad consciente, propositiva, dirigida a su satisfacción.

Así el interés cognitivo, a pesar de que tiene como principal aliado la conducta consciente, se caracteriza por la disminución del esfuerzo volitivo; por ende, su formación y desarrollo posibilita, que ante la presencia de dificultades, se busque con entusiasmo el modo de vencerlas.

El interés cognoscitivo está asociado a la actividad creativa y constituye la manifestación del pensamiento autónomo, como expresión del desarrollo intelectual.

Para que la familia pueda valorar el desarrollo de los intereses cognoscitivos resulta necesario considerar la presencia de:

- **La profundidad** se caracteriza no solo por el interés por determinados objetos y fenómenos, sus cualidades externas, sino también por la búsqueda de su esencia y el establecimiento de relaciones causales y nexos recíprocos entre estos.

- **La estabilidad** se expresa en la relativa constancia de los intereses que manifiestan los niños hacia determinados objetos y fenómenos durante un largo período de tiempo. Esta cualidad puede llegar a convertirse en un rasgo que distingue a su personalidad en formación y constituye, incluso, el germen que, en otras etapas del desarrollo, garantizará su orientación profesional.

- **El dinamismo** de los intereses cognoscitivos consiste en que los conocimientos asimilados por los niños se presentan como sistemas que se reorganizan con facilidad, lo que permite la posibilidad de modificarse y aplicarse de modo variado en diferentes contextos. Esto contribuye a la ampliación del círculo de conocimientos. Por ejemplo, el interés que manifiesta un niño por la nieve y sus peculiaridades como fenómeno de la naturaleza, puede conllevar a que se interese por conocer un país de clima frío, sus tradiciones e incluso su lengua.

- **La eficacia** se expresa en las peculiaridades de las acciones o actividades que realiza el niño, dirigidas a satisfacer el interés y vencer las dificultades que puedan presentarse; ello implica la presencia de esfuerzos volitivos para conseguir los objetivos que resultan gratificantes sin muestra de cansancio o tedio.

Importante

El surgimiento y desarrollo de intereses cognitivos constituye un hito que marca el proceso de formación de la personalidad del niño y el desarrollo intelectual que ha alcanzado. Esta formación puede comenzar a manifestarse entre los cinco y seis años.
La presencia del interés cognitivo está estrechamente ligada al esfuerzo por la obtención de conocimientos y a la alegría ante el éxito.

La curiosidad y el interés cognoscitivo están estrechamente interrelacionados. A partir de la primera se gestan en los niños los intereses selectivos o específicos; por ejemplo: interés por actividades deportivas, por los animales prehistóricos, por la robótica. No obstante, es necesario conocer que si existe una adecuada educación intelectual, los intereses específicos pueden también promover un interés general por la actividad intelectual, que se manifiesta en el amor por los conocimientos, en el deseo de descubrir. Estos logros constituyen una premisa importante para el éxito en su actividad escolar.

Para favorecer el desarrollo intelectual de los niños no solo debes brindarle la oportunidad de conocer aquello que despertó su curiosidad; sino también debes crear las condiciones para estimular el deseo de conocer aquellos fenómenos y objetos de la realidad que sabemos resultan significativos para crecer como ser social e insertarse en la sociedad.

Resumen

A pesar de la relación existente entre el reflejo incondicionado "¿Qué es esto?" y la curiosidad, no puede pensarse que esta sea una cualidad innata. Este reflejo es solo una condición que favorece su creciente desarrollo durante los seis primeros años de vida. El desarrollo de la curiosidad depende de cómo la familia sea capaz de potenciarla hasta llegar a formar intereses cognitivos que harán del proceso de aprendizaje una actividad plena de satisfacciones, en la que los tropiezos que puedan aparecer se conviertan en un reto que movilice esfuerzos y proporcione placer por los objetivos alcanzados.

DE LA CURIOSIDAD A LOS INTERESES COGNOSCITIVOS

Es cierto que desde los primeros años los niños manifiestan una actitud activa hacia los objetos y fenómenos que lo rodean, es común observar a un pequeño de seis meses de vida realizar una serie de movimientos para obtener un objeto; cuando lo logra, realiza una sucesión de acciones que ponen al descubierto sus propiedades, tales como su dureza o sonoridad. Este descubrimiento que inicialmente ocurre de manera casual, genera la repetición de la acción una y otra vez, pero ya esperando obtener el mismo resultado.

Puede afirmarse que estos conocimientos sensoriales de carácter no consciente que se obtienen en los primeros meses de vida constituyen el germen de la curiosidad infantil y se precisa estimularlos a través del aprovechamiento de las potencialidades de todos los analizadores (visual, auditivo, táctil, olfativo, gustativo).

Se sugiere en los primeros meses ofrecer objetos de colores brillantes que brinden varias posibilidades: emitir diferentes sonidos, descomponerse en partes, rodar, etcétera.

Los padres deben, desde el primer año de vida, brindar la posibilidad de adquirir conocimientos relacionados con

Las disímiles propiedades de los objetos despertarán la curiosidad del bebé, al mismo tiempo que le harán pasar un rato divertido.

el entorno en que se desenvuelve el niño mediante las diferentes actividades. Es muy importante considerar que ellos también se convierten en objeto de interés y desde sus vínculos afectivos se constituyen en los mediadores principales entre el niño y la realidad. Así, aprovechando las potencialidades de la vida cotidiana, deben guiarlo por el camino del aprendizaje para garantizar que se apropien de la herencia cultural (lenguaje, tradiciones, normas de comportamiento, etcétera).

En los primeros años de vida los niños suelen concentrar la atención en objetos que aparecen de manera repentina y de igual forma desaparecen. Por eso se sugiere utilizar como un valioso recurso la sorpresa, capaz de provocar siempre una actitud positiva que lo moviliza hacia su conocimiento.

Los niños tienen una gran predilección por lo nuevo y advierten rápidamente los cambios. Suelen hacer preguntas cuando ven algo desacostumbrado en lo que resulta para ellos habitual. Si se desea despertar la atención sobre un objeto es oportuno que este aparezca dentro de un pequeño conjunto de otros conocidos.

La unión de lo asimilado y lo desconocido plantea la tarea de "despejar esa incógnita", pero también de interpretar de una nueva forma lo que ya les resulta familiar.

A finales del segundo año de vida la actitud cognoscitiva ante la realidad se amplía, pero también se modifica, pues el pequeño comienza a expresarse con la ayuda de gestos indicativos y a través del lenguaje que, desde su función cognitiva, le permite precisar y profundizar la información que recibe de manera directa por los analizadores.

La curiosidad se manifiesta con la realización de interrogantes dirigidas a los adultos para lograr información sobre el nombre y las funciones de los objetos y fenómenos (¿qué es?, ¿cómo se llama?, ¿para qué?). Paulatinamente la sed de conocimientos se incrementa, trasciende a diferentes esferas o áreas del saber; de este modo, los niños de tres a seis años ya han acumulado cierta cantidad de representaciones y experimentan la necesidad de sobrepasar los límites de lo percibido de manera directa, ello se revela en la complejidad de las preguntas, que cada vez se incrementan buscando mayor profundidad.

Muchas veces las conversaciones de los niños de tres a seis años con los adultos suelen ser largos interrogatorios que no parecen tener final, preguntan con gran insistencia lo que quieren saber y la respuesta que se ofrece genera nuevas inquietudes. En ocasiones, los pequeños tratan de hallar por sí mismos la respuesta, apelando a su propia experiencia para encontrarle explicación a lo desconocido.

Resulta necesario que la familia conozca y compruebe mediante el intercambio activo con el niño cuál es la representación de la realidad que se formó, cómo logró satisfacer sus inquietudes, qué conocimiento obtuvo, ya que en algunos casos pueden formarse conceptos erróneos o hacer asociaciones falsas.

Es muy frecuente que los pequeños resuelvan sus dudas sobre los objetos o fenómenos de la realidad de forma errónea, téngase en cuenta que poseen un pensamiento que opera fundamentalmente con imágenes y estas suelen ser concretas, ligadas a la percepción visual o auditiva en un contexto determinado.

Un niño pregunta por qué la luna no cae del cielo, si no tiene los "palitos" (rayos) para aguantarse, pero rápidamente infiere que tendrá un ganchito que le permite estar colgada. Por eso es preciso conocer la lógica del pensamiento infantil y qué soluciones ofrecen los niños ante sus inquietudes.

Esta explicación del niño sobre las características de la luna es consecuencia del pensamiento en imágenes o representativo.

La presencia del interés cognitivo está estrechamente ligada al esfuerzo por la obtención de conocimientos y a la alegría ante el éxito. El surgimiento y desarrollo de intereses cognitivos constituye un hito que marca el proceso de formación de la personalidad del niño y el desarrollo intelectual que ha alcanzado. Esta formación puede comenzar a manifestarse entre los cinco y seis años.

Es imprescindible que el adulto tome en consideración sobre qué pregunta el niño, pues pudiera advertirse la presencia de cierto interés por un área determinada. De igual modo, es necesario advertir cómo pregunta y si escucha con atención las respuestas. En ocasiones las preguntas infantiles distan mucho de expresar el deseo de obtener nuevas informaciones acerca del mundo circundante, en algunos casos tienen como propósito principal atraer la atención del adulto, hacerlo entrar en contacto con ellos o comprobar lo que ya conocen.

Ocurre con frecuencia que algunos niños no esperan que les respondan las preguntas e interrumpen con otras nuevas. Sin embargo, si la forma en que ofrecemos la información resulta amena y desencadena una serie de acciones que implican la participación activa de los niños, paulatinamente comenzarán a interesarse con seriedad por el mundo que los rodea.

En variadas ocasiones, ante las inquietudes que aparecen, los pequeños realizan sus "experimentos" de manera independiente. De todos es conocido que estos experimentos se manifiestan en la atracción que sienten por "romper" los juguetes, acción que ocurre sin ánimo de dañar, sino con el propósito de conocer cómo son por dentro, explicarse por qué producen sonido, qué los hace moverse. Esta situación con frecuencia disgusta a los padres, quienes asumen una actitud prohibitiva que puede reprimir el desarrollo de la curiosidad.

Lo anterior no quiere decir que se permita destruir los objetos; es importante recordar el papel mediador de la familia, quien debe orientar y aprovechar la curiosidad, para que conozcan las propiedades de los objetos y su uso adecuado. De igual modo, las experiencias negativas pueden ser aprovechadas en función de revelar relaciones causa-efecto.

Importante

Las preguntas dirigidas a los familiares constituyen la expresión de que los niños reconocen en el adulto su guía, esto compromete a los padres con la ayuda que deben brindarles para obtener los conocimientos en lugar de decir expresiones como: "me tienes cansado", "cállate ya", o "porque sí", entre otras frases que a pesar de que laceran la curiosidad suelen utilizarse con cierta frecuencia.

Las respuestas, además de ser verídicas, deben ofrecerse en un lenguaje claro y sencillo, apelando a otros conocimientos de referencia o a la realización de experimentos, la búsqueda de láminas o presentación de vídeos que ilustren la explicación. Estos recursos pueden contribuir a que el niño construya sus conocimientos, los organice en sistemas y establezca relaciones entre ellos.

Desde el primer año de vida hasta el sexto se aprecian variaciones en las manifestaciones de la curiosidad. Inicialmente los objetos concretos y sus características atraen la atención del niño; después de los tres años comienza a interesarse por su origen, su uso, cómo fueron elaborados, de qué materiales están hechos y qué posibilidades le brindan.

El desarrollo de la curiosidad se asocia al tiempo o estabilidad de la atención; puede incluso suceder que cueste trabajo apartar a un niño de lo que le entretiene. Así, un pequeño de tres años puede observar detenidamente todo un proceso, por ejemplo, el arreglo de una bicicleta por su padre genera en su mente un sinnúmero de inquietudes que lo mantienen atento a cada movimiento; es aconsejable entonces incorporarlo a estas actividades, demostrándole los efectos de algunas acciones. Las actividades no habituales o eventuales que aparecen en la vida cotidiana despiertan la curiosidad de los pequeños y es importante aprovecharlas.

Es significativo destacar que a partir de los cuatro años la curiosidad en los niños se amplía considerablemente. Vale destacar el interés que presentan por representaciones simbólicas que encuentran en su entorno y el deseo de interpretarlas; por ejemplo, las diferentes señales del tránsito o incluso los textos escritos que además resultan favorables para despertar el interés por la lectura y demostrar valor en la vida cotidiana.

Otro aspecto que comienza a ser objeto de curiosidad a partir de los tres años son las normas morales que regulan el comportamiento; se interesan por aquello que es aceptado como correcto y se inquietan cuando alguien las incumple, lo cual genera una serie de inquietudes. Sin embargo, estos logros en el desarrollo de la curiosidad no ocurren de manera espontánea, como resultado de la edad cronológica, sino que dependen de la dirección del proceso educativo por la familia.

- Recuerde que la paciencia y el amor de los adultos constituyen los ingredientes principales que ayudarán a canalizar de forma amena los intereses del niño.

- Tome siempre como referencia los saberes que posee el niño, para sobre esta base ir incrementando los conocimientos, así como las nuevas inquietudes.

- Aproveche el juego, este constituye una valiosa posibilidad para favorecer el desarrollo de la curiosidad y formar intereses cognitivos, sobre todo si la información obtenida va a tener su aplicación inmediata en el propio desarrollo del juego.

- Brinde la posibilidad al niño de participar en las actividades propias de la vida cotidiana, ellas pueden ampliar la curiosidad y poner ante ellos nuevos retos.

- Atienda las manifestaciones de la individualidad de cada niño en el desarrollo de la curiosidad y la formación de los intereses cognitivos.

- Ampliar el entorno; esto incrementa la posibilidad de interactuar con diferentes objetos y fenómenos de la realidad que despiertan la curiosidad por diferentes esferas. (Resulta muy estimulante la visita a lugares variados).

- Garantizar que asuman un papel activo en la satisfacción de sus intereses. (Es oportuno brindarles la oportunidad de realizar sus propios experimentos en diferentes actividades investigativas en las que tomen responsabilidades).

- Fortalecer la manifestación de intereses cognitivos específicos. (Es esencial ayudarlos a incrementar sus conocimientos sobre aquello que les interesa, por ejemplo, confeccionando colecciones relacionadas con la temática de su interés).

- Realizar juegos en los que apliquen sus conocimientos y surja la necesidad de adquirir otros.
- Intercambiar con otros miembros de la familia o niños sobre sus inquietudes y los nuevos aprendizajes adquiridos.

Es importante prestar atención a la manifestación individual de los intereses cognoscitivos tomando en cuenta su contenido, con el propósito de enriquecerlo. En algunos niños se hace notable el interés por el arte, por las ciencias, por la naturaleza... Esta disposición positiva hacia determinada esfera de la realidad puede anunciar la presencia de dotes o aptitudes que si no son percibidas pueden desaparecer o no manifestarse más.

La familia debe prestar atención
a las aptitudes de los pequeños.

Existen algunas variaciones individuales en las manifestaciones del desarrollo de la curiosidad que anuncian la presencia de limitaciones en los pequeños:

- No verbalizan sus inquietudes, no solicitan ayuda y deciden por sí solos construir un conocimiento que puede ser erróneo. Esta situación puede aparecer en niños con manifestaciones de timidez.

- Demuestran una aparente curiosidad porque realizan algunas preguntas, pero no escuchan las respuestas con atención, lo que expresa que estas solo estaban dirigidas a establecer un contacto emocional.

- Muestran deseo de adquirir conocimientos, pero no cumplen con este objetivo, abandonan rápidamente la actividad cognoscitiva cuando sienten que exige de ellos constancia y esfuerzo.

- Asumen una actitud indiferente ante las actividades cognoscitivas, se distraen con gran facilidad y no manifiestan perseverancia en la búsqueda de la solución a una dificultad.

Importante

Entre la estabilidad de los intereses cognitivos y el desarrollo de la atención existe una estrecha relación.

La curiosidad está asociada al desarrollo de la capacidad de observar.

La curiosidad se satisface con el desarrollo de las acciones perceptuales y del pensamiento.

Resumen

Las manifestaciones de curiosidad e intereses cognitivos alcanzan paulatinamente niveles superiores de desarrollo durante los seis primeros años de vida, pero esto depende de que la familia estimule al niño y aproveche siempre las oportunidades que brinda la vida cotidiana.

Es necesario que los padres puedan valorar el desarrollo que ha alcanzado su hijo en este sentido. Debe recordarse que un importante indicador de desarrollo intelectual de la primera infancia es justamente la curiosidad y la presencia de intereses cognitivos.

Explorando juntos el entorno

Cuando los niños nacen, no llegan al mundo con una herencia genética que les asegura su futuro, traen consigo una serie de reflejos incondicionados (succión, prensión y orientación, entre otros) que si bien le posibilitan las primeras adaptaciones al medio, no garantizan su desarrollo como ser social. Sin embargo, en esto no radica la debilidad de los seres humanos, pues la plasticidad de su cerebro permite rápidamente la formación de reflejos condicionados que generan la posibilidad de aprender.

Para vivir en sociedad y desarrollar la personalidad, no es suficiente con lo que la naturaleza proporciona, se precisa apropiarse de lo que ha sido logrado en el devenir histórico de la humanidad. Desde los primeros días, los niños van descubriendo el mundo a partir de procesos de aprendizaje que permiten el dominio progresivo de los objetos y sus usos, así como de los modos de interactuar con los otros, de pensar y de sentir, e incluso de formas de aprender.

Pero a este proceso de aprendizaje, el niño no se enfrenta solo; el entorno social no es una simple condición para el despliegue de dicho proceso, sino su esencia misma, pues ocurre como resultado de la interacción social, especialmente en el seno de la familia que lo recibe, cuyos miembros, por su significación afectiva se constituyen en los principales agentes mediadores entre los seres humanos y la cultura.

Las interacciones sociales en el núcleo familiar siempre tienen un carácter educativo que puede ser consciente o inconsciente;

sin embargo, a pesar del valor de la mediación en el contexto del hogar, es preciso que no se anule el papel activo y protagónico del niño en el proceso de apropiación de la herencia cultural.

El aprendizaje ocurre mediante las interrelaciones dialécticas entre lo social y lo individual-personal, es un proceso activo de reconstrucción de la cultura y de descubrimiento del sentido personal, que requiere considerar entre sus principales resultados el desarrollo de una actitud cognoscitiva hacia el entorno en el que los niños se desenvuelven, lo que se expresa en las manifestaciones de curiosidad y en la formación de intereses.

Ha quedado demostrado que los seis primeros años de vida son determinantes para el desarrollo ulterior de la personalidad. De la riqueza, variedad e intensidad de los estímulos provenientes del entorno y la adecuada conducción del proceso educativo en esta etapa de la vida por parte de la familia depende el desarrollo intelectual.

El entorno o realidad cercana a los menores de seis años está conformado en primer lugar por los miembros de la familia, que además de mediar sus relaciones con los objetos, fenómenos y procesos naturales y sociales también constituyen objeto de conocimiento.

Especial significación tiene la comunicación (verbal y no verbal) que garantiza las interacciones sociales por medio de las cuales se produce la apropiación de los conocimientos del entorno; sin embargo, es importante señalar que los recursos que la facilitan también se convierten en objeto de conocimiento, de allí el valor que se le adjudica al desarrollo de habilidades comunicativas en el proceso de formación y desarrollo de la personalidad.

El papel de la familia como mediadora no debe entenderse como fuente transmisora de conocimientos, pues así no se genera el desarrollo intelectual. Es oportuno que el niño aprenda a adquirirlos, para lo que se requiere desarrollar acciones perceptuales y de pensamiento; en tal sentido, abundan programas de estimulación intelectual sustentados en el "aprender a aprender".

Para ello resulta necesario lograr una actitud positiva hacia aquello que va a ser objeto de las acciones perceptuales y de pensamiento; se trata entonces de atender el desarrollo de la curiosidad y fomentar intereses cognitivos. Por eso estas cualidades de la personalidad no deben excluirse de la educación intelectual, ya que constituyen el motor impulsor de todas las tareas cognitivas, pero además deben verse como su principal resultado.

Importante

Lograr que el niño "aprenda a aprender" requiere del desarrollo de la curiosidad, cualidad que se expresa en una actitud positiva ante el conocimiento proveniente del entorno en que se desenvuelve. Por tanto, el proceso de apropiación de la experiencia histórico-cultural se hace más efectivo cuando se sustenta en el desarrollo de intereses cognitivos, que a su vez generan la necesidad de apropiarse y perfeccionar las estrategias cognitivas.

Las estrategias cognitivas se asocian al cómo se adquiere el conocimiento, o sea, al desarrollo de habilidades intelectuales que permiten penetrar en las relaciones esenciales del entorno con el que interactúa el niño y solucionar así disímiles problemas.

Por otro lado, el resultado que genera el desarrollo de las habilidades intelectuales debe percibirse por los propios pequeños en el perfeccionamiento de las diferentes actividades que realiza, solo así la formación de las mismas se tornará significativa. Esta significatividad tiene estrecha relación con la esfera afectivo-motivacional, o sea aquello que moviliza el aprendizaje, especialmente los intereses cognitivos.

Las habilidades intelectuales en los seis primeros años de vida están asociadas al desarrollo de acciones perceptuales y de pensamiento, que permiten captar las diferentes cualidades de los objetos y fenómenos de la realidad, apreciar su esencia y establecer diferentes relaciones. Algunas de las más significativas son:

Escuchar y observar: están relacionadas con los principales analizadores de los seres humanos: la vista y el oído. Mediante ellas se obtiene y procesa la información del entorno de manera consciente, de allí su estrecha relación con la atención. Su desarrollo permite captar cualidades externas, lo cual constituye una premisa básica para poder penetrar en la esencia, en aquello que no resulta perceptible, en consecuencia son consideradas como la "escuela del pensamiento".

Comparar: está dirigida a la búsqueda de semejanzas y diferencias entre objetos, fenómenos y procesos del mundo natural y social atendiendo a las propiedades que se determinen.

Clasificar: posibilita agrupar objetos o fenómenos atendiendo a determinada propiedad, implicando así la abstracción de otras.

Seriar: está relacionada con el establecimiento de un orden (creciente o decreciente) en correspondencia con la intensidad con que se manifieste determinada propiedad.

Modelar: garantiza la posibilidad de representar la realidad de manera esquemática o con ayuda de sustitutos, permite así revelar relaciones no perceptibles y utilizar modelos para solucionar tareas cognitivas.

Seriar, atendiendo a la intensidad del color garantiza un acercamiento a las relaciones cuantitativas. Puede hacerse en ambos sentidos.

Encontrar el camino correcto que debe seguir el conejito para llegar al alimento, puede hacerse con facilidad si se brinda como apoyo un modelo que lo representa.

La modelación se relaciona con la función simbólica de la conciencia, en tal sentido, denota un peldaño superior del intelecto; sin embargo tiene su génesis cuando los pequeños comienzan a utilizar objetos sustitutos, habilidad que se desarrolla alrededor del año y medio cuando, por ejemplo, colocan una escoba entre las piernas y trotan imitando un caballo. Por otro lado, varias de las actividades que realizan los niños tienen un carácter modelador, por ejemplo el dibujo y la construcción.

Los dibujos infantiles, por su carácter esquemático, constituyen un modelo que refleja no solo la realidad sino también las relaciones entre los elementos que la conforman.

La función simbólica de la conciencia tiene singular importancia, pues en el entorno en que se desenvuelven niños y adultos existen signos y sistemas de signos por doquier que despiertan la curiosidad de los pequeños, justamente porque están asociados a las actividades de la vida cotidiana. Su interpretación garantiza la independencia y favorece la asimilación de la cultura.

Vale destacar el creciente interés y rápida asimilación de aquellos signos asociados a la tecnología que, por su carácter icónico (parecido con la realidad representada), permiten que desde edades tempranas los niños puedan manipular ordenadores o tabletas.

Gran relevancia tiene también el signo lingüístico: las palabras, que desde su función generalizadora representan la realidad, fenómeno complejo sobre todo en los cuatro primeros años de vida, pero que también constituye objeto de la curiosidad infantil.

Las habilidades intelectuales referidas anteriormente, en el proceso de su formación transitan del plano intersubjetivo al intrasubjetivo. Así, en los primeros años de vida, se realizan con ayuda de los adultos, mediante acciones de orientación externa, como puede ser la superposición de los objetos para comparar su tamaño, bordear el objeto con el propósito de examinar su forma, pasar la mano por el objeto para determinar su textura, pero estas acciones externas irán pasando al plano interno. Esta regularidad del desarrollo permite que los adultos puedan, de manera intencional, preparar condiciones para garantizar el desarrollo de estrategias cognitivas que, al mismo tiempo que satisfagan la curiosidad infantil, propicien su estimulación.

El desarrollo y formación de las habilidades intelectuales no deben dejarse a la espontaneidad, se necesita que la familia organice conscientemente acciones educativas dirigidas a lograrlo. De lo contrario, es posible que, durante largo tiempo, el niño no pueda analizar las cualidades de un objeto, establecer sus relaciones con otros y revelar las funciones que puede cumplir.

El deficiente desarrollo de acciones perceptuales constituye también la causa de que algunos niños confundan un objeto con otro, debido a que no logran rebasar el carácter sincrético que suele tener la percepción en los dos primeros años de vida; pues han captado solo un rasgo determinado que no suele ser el esencial. Por ejemplo, al ver una cartera confeccionada con un material suave, de peluche, el niño la identifica con su perrito de juguete, que es también de este material.

Desde el primer año de vida la familia debe propiciar que los niños realicen acciones perceptuales y de pensamiento dirigidas a satisfacer las inquietudes surgidas a partir de las interacciones sociales que establecen. De igual modo, resulta necesario generar estas inquietudes, fomentar la necesidad de conocer los objetos que los rodean, la naturaleza circundante, las personas, incluyéndose a ellos mismos, así como la forma que utilizan para comunicarse y las actividades que realizan.

Resumen

Las relaciones existentes entre los sistemas de conocimiento del entorno cercano al niño hace que la curiosidad hacia un objeto determinado conlleve a despertar el interés por otros, por las personas que lo usan, y su profesión, de qué material está hecho y qué posibilidades le ofrece. En consecuencia, la familia debe estimular estas relaciones sistémicas para ampliar los intereses de los infantes, pero a su vez, el hecho de revelar estas relaciones también constituye una fuente favorecedora de la curiosidad.

El conocimiento de los objetos del entorno

Desde los primeros meses los niños dirigen su atención no solo al rostro de los adultos, sino también a los objetos que estos utilizan. Resulta entonces necesario despertar la curiosidad por las cualidades o propiedades de los objetos: su forma, dimensión, ubicación espacial, posibilidades sonoras, textura, expresión cuantitativa en que aparecen, así como su rasgo esencial, que está asociado a su función. Estos conocimientos le permitirán establecer relaciones entre los disímiles objetos y otros componentes del entorno.

Múltiples investigaciones demuestran que las acciones con los objetos en condiciones de comunicación con los adultos propician más la curiosidad del niño que cuando no está presente el adulto. Situación que se hace más evidente en el primer año de vida

Un objeto atractivo puede despertar en el niño de cinco meses la necesidad de manipularlo, pero cuando se lo muestra el adulto, provoca un mayor número de reacciones emocionales positivas que se expresan con gran intensidad.

De igual modo, la estabilidad de la motivación de los niños por los objetos está relacionada con la presencia del adulto, quien debe intervenir y mostrar las acciones que con este pueden realizarse.

Poco a poco, la comunicación directa y emocional con el adulto más significativo adquiere un matiz eminentemente práctico: el adulto se convierte en su colaborador para realizar diferentes acciones con los objetos y establecer relaciones entre sus propiedades y acciones que pueden realizar con estos.

La presencia del adulto es determinante en la motivación de los pequeños por descubrir.

Los niños deben manifestar una actitud positiva para aprender que los objetos se distinguen por su forma, tamaño, color, tienen una ubicación espacial, entre otras características que ayudan a su reconocimiento.

Uno de los juegos más sencillos que pueden realizarse con los niños en los primeros meses es mostrarle un objeto y propiciar que se interese por él a partir de las posibilidades que brinda (suena, rueda, etcétera).

Otra actividad que potencia el interés por el objeto en niños del primer semestre de vida es jugar a esconder el objeto, este puede taparse con una manta, incluso en su presencia, y luego preguntar por él con expresión de asombro. Si el niño reacciona, o sea, hace intentos de búsqueda para encontrarlo o es capaz de retirar la manta, puede considerarse como un logro significativo, que denota su naciente interés por el objeto. Este logro adquiere mayor significación cuando alrededor de los nueve meses la acción de esconder el objeto no ha sido visible para el niño y ante la interrogante sobre el objeto se aprecian reacciones de búsqueda.

La curiosidad por los objetos está relacionada con el conocimiento de las posibilidades que brindan para el desarrollo de diferentes acciones, especialmente aquellas que tienen carácter de juego. Al actuar con los objetos el niño puede comenzar a establecer una relación entre sus propiedades y el uso que puede darle.

- Una pelota salta, rebota y rueda.
- Los cubos pueden superponerse y construir una torre.
- Las cajas le permiten echar objetos dentro.

Existen otras acciones con objetos, de mayor complejidad, que pueden fomentar el desarrollo de la curiosidad desde los primeros años de vida: las de correlación y las instrumentales.

Las acciones de correlación consisten en establecer relaciones entre las partes de un objeto o entre varios objetos. Algunas de las más comunes, por su constante presencia en la vida cotidiana, es tapar y destapar un recipiente, o abrochar el botón de la camisa. También existen juguetes que permiten el desarrollo de estas acciones; por ejemplo, tableros con una excavación en la que el niño coloca la forma que corresponde, construir una torre o armar un rompecabezas, etcétera.

A través de las posibilidades que brindan los juguetes, los niños establecen una relación entre sus propiedades.

Las acciones instrumentales son las que se realizan utilizando un objeto como mediador para actuar sobre otro, de allí su complejidad. El niño tendrá que considerar las características del objeto en el cual va a incidir, las del propio instrumento y la posición de su mano. Sin embargo, a pesar de su complejidad, a finales del primer año de vida, los niños pueden advertir que halando la cuerda atada a un carrito puede alcanzarlo.

Aprender a utilizar la cuchara para alimentarse constituye una acción instrumental de gran significación. Su adecuado uso requiere que el agarre se realice en correspondencia con las normas culturales establecidas y que el movimiento de la cuchara del plato a la boca deba realizarse de tal manera que no permita que se derramen los alimentos. Este tipo de instrumento, en el que están asentadas las normas culturales de su uso, permite satisfacer la necesidad de independencia, propiciando el autovalidismo. Paulatinamente, la complejidad de los instrumentos del entorno cotidiano que pueden ofrecérsele a los niños debe incrementarse. Muy atractivos resultan juguetes como destornilladores y tuercas, tijeras de plástico, que pueden utilizar con gran satisfacción a partir de los cuatro años.

El uso del jamo para pescar constituye una acción instrumental que puede favorecer la curiosidad no solo por las propiedades de este objeto, sino también por la actividad que puede realizarse con ellos y también conocer la vida de los peces.

Al realizar las acciones instrumentales es importante que los niños experimenten la necesidad de usar el instrumento; por tanto, si el pececito se puede agarrar con la mano, no tiene sentido el uso del jamo.

Con niños de cuatro años se puede despertar la necesidad de crear o modificar el instrumento, por ejemplo, alargar una varilla para alcanzar un objeto o perfeccionar el jamo eliminando el orificio que puede hacer que el pez se escape.

Llenar cubos de arena es otra acción instrumental desarrolladora, pues cuando un niño rellena un cubo de arena no solamente está usando un medio auxiliar (instrumento), la pala, para ejercer una acción sobre algo —el cubo—, sino que incorpora un tercer elemento, la arena, que le permitirá advertir las variaciones que se producen en dependencia de su estado —seca o húmeda—.

Para propiciar no solo el deseo de realizar acciones de correlación e instrumentales, sino también el de aprender a hacerlas mejor, es muy importante que la familia exprese su aprobación y aprecie el más mínimo logro.

No se debe olvidar que el interés por una actividad se incrementa también por los resultados que se van obteniendo. Por eso las tareas que se proponen a los niños nunca deben estar por encima de las posibilidades de la edad, pues corren el riesgo de fracasar. Esta situación puede ocasionar una sensible pérdida del interés que se refleja en el rechazo por la actividad.

En la medida en que las interacciones sociales se van multiplicando durante los seis primeros años de vida se amplía también el diapasón de objetos que necesita conocer.

Despertar la curiosidad por advertir las diversas cualidades de los objetos para favorecer la posibilidad de identificarlos, reconocerlos e identificarlos, constituye una importante premisa para el desarrollo intelectual.

Suelen ser muy placenteras las actividades que permiten que los niños puedan advertir la presencia de una misma cualidad en disímiles objetos.

La forma y el tamaño de los objetos constituyen cualidades que desde el primer año de vida los niños comienzan a advertir, debido a que están muy ligadas a las acciones y sus resultados. En variadas ocasiones el color no suele ser determinante, por ejemplo, una pelota de cualquier color rueda, eso explica por qué un niño de corta edad puede identificar los objetos independientemente de que estén coloreados o no, y son capaces de distinguirlos por su contorno y dibujarlos sin importarle su color habitual.

Lo anterior no quiere decir que el niño no distinga los colores, sino que en las edades tempranas esta cualidad no la toma en cuenta cuando realiza las acciones con el objeto, pues no la determina; téngase en cuenta que una pelota roja, verde o amarilla, rueda. Este rasgo denota la necesidad de que los adultos realicen acciones dirigidas a hacer su percepción de la realidad más profunda y multifacética, pues el color también brinda información importante, por ejemplo, en algunas frutas como el banano, el color determina la posibilidad de ingerirlo; en el semáforo, el color de las luces indica la posibilidad de continuar el camino o detenerse.

Las acciones con los objetos son de tal valía, que en el tercer año de vida aquellos objetos y fenómenos que resultan más habituales en las actividades que realizan los niños se toman como referencia o modelo para identificar las cualidades de otro, por ejemplo, ante un objeto de forma redonda los niños generalmente dicen que es como una pelota; y uno de forma triangular que es como una barquilla de helado. Lo mismo sucede con los colores; objetos verdes pueden asociarse a la hierba.

Esta posibilidad de tomar una cualidad de un objeto, como medida o patrón constituye un logro significativo que se precisa estimular, pues permite identificarla en disímiles objetos y favorece el desarrollo de habilidades como la clasificación. Para despertar el interés por advertir estas cualidades resulta de gran valor tomar en cuenta las posibilidades que brinda la vida cotidiana.

Actividades como comer, vestirse y asearse, entre otras, brindan grandes posibilidades. Al seleccionar la ropa que usará, la familia se puede proponer tomar prendas del mismo color, por ejemplo, medias, camiseta y short de colores similares; de igual manera se puede buscar una camiseta del mismo color de la que usa el padre y llamar la atención sobre la diferencia de tamaño. El proceso de alimentación brinda grandes posibilidades, desde identificar formas en los platos, vasos y otros utensilios, hasta seleccionar la misma cantidad de platos, que de comensales; puede tomarse en cuenta también la textura de los alimentos, o distinguir por el sabor salado o dulce, y si en dependencia de esta cualidad forman o no parte del postre.

A pesar de la importancia que tienen las denominaciones de las cualidades de los objetos atendiendo a su forma o color, es oportuno destacar que incluso para un pequeño de cuatro años no constituye una dificultad si no logra memorizar palabras como *rectangular*, *triangular*, entre otras. Lo importante es que pueda advertir y determinar la forma en diferentes objetos, comparándolos con la ayuda del modelo correspondiente.

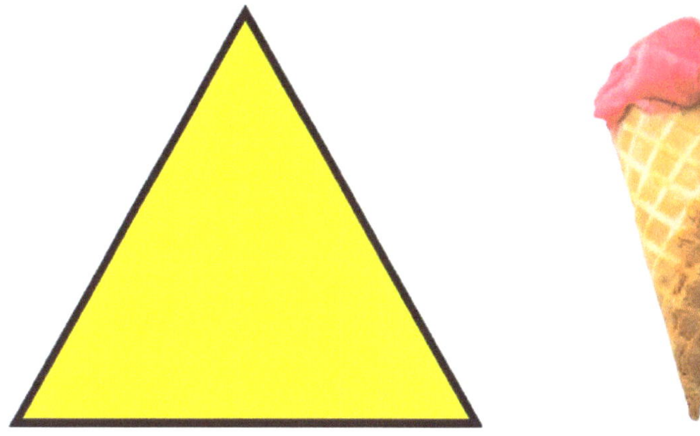

Las figuras geométricas constituyen una abstracción que permite reconocer la presencia de una misma forma en varios objetos.

Es oportuno que los niños puedan utilizar en sus construcciones las piezas de la forma que se correspondan con las partes del objeto que se desea representar, así como dibujar con acierto su forma peculiar. Sin embargo, muchas familias se esfuerzan por que el niño nombre las figuras geométricas, sin generar, mediante el desarrollo de actividades, la necesidad de este conocimiento.

Resulta muy valioso realizar juegos en cuya ejecución los niños tienen que captar en los objetos cualidades como color, forma, dimensión, posición en el espacio, para identificarlos o agruparlos según una de estas características.

Las adivinanzas constituyen un valioso recurso que despiertan la curiosidad y con ello las acciones de búsqueda. De este modo, invitar al niño a adivinar sobre cuál objeto se trata a partir de señalar sus cualidades en una atmósfera de juego, donde se ofrezcan las pistas y descripciones indirectas suele ser muy oportuno.

Un ejemplo es el juego, "Veo, veo, ¿qué es?" El adulto le dice al niño: "Estoy mirando una cosa y adivina qué es", "Está en el aparador, es la más pequeña", o "Está en el comedor cerca del refrigerador y su forma es cuadrada". La complejidad de la tarea puede irse incrementando en dependencia de los indicios que se den para su identificación. Posteriormente, resulta estimulante que el propio niño sea quien plantea a los adultos la tarea de adivinar.

Es conveniente también despertar la curiosidad por advertir las variaciones de las propiedades, pues, por ejemplo, un color en la realidad puede presentarse con diferentes matices. Para lograr que los niños se apropien de este conocimiento se sugiere realizar actividades en las que ellos mismos descubran cómo un color puede tomar tonalidades más claras o más oscuras. Recuerde que el aprendizaje se hace significativo en situaciones prácticas que provocan una actitud positiva.

Se le puede sugerir a los niños de cuatro años hacer un pequeño experimento que consiste en verter en tres vasos iguales la misma cantidad de agua (puede ser aproximadamente la cuarta parte del vaso), posteriormente el adulto agrega unas gotas de pintura al primer vaso. Para teñir el agua del segundo, propone adicionar un poco más de pintura, y para el tercero, aún más. Es importante que el niño advierta que mientras más pintura se añade al agua, esta se torna más oscura, y viceversa. Descubrirá que este procedimiento le sirve para mostrar los diferentes matices. Posteriormente, debe dársele la oportunidad de que ellos mismos realicen esta experiencia pero con otro color, incrementando también la cantidad de matices. Este tipo de actividad también favorece la comprensión de relaciones de cantidad (más oscuro, menos oscuro y claro) se diferencia de las gotas de pintura que se añadan.

De este experimento puede surgir otro bien interesante: colocar las soluciones coloreadas en el congelador y observar qué sucede. Aquí, además de advertir la diferente luminosidad del agua helada, en dependencia del color añadido, se logra que los niños se percaten de que pasó de estado líquido a sólido, por causa del frío. La acción se puede realizar también a la inversa.

Otra variante es mezclar determinado color con blanco en diferentes proporciones y colorear objetos o tirillas de papel, que posteriormente podrán ordenarse desde la más oscura a la más clara. Tales actividades garantizan que el niño asuma un papel protagónico en la obtención de conocimientos, con la participación de la observación y la comparación; sus resultados generan vivencias afectivas positivas que promueven el desarrollo de intereses cognitivos.

De igual modo, puede resultar muy interesante para los niños alcanzar un nuevo color a partir de la mezcla de otros, para ello se requiere crear la necesidad de obtener el nuevo color, por ejemplo, dibujar zanahorias para los conejos, pero los colores que se tienen son rojos y amarillos, se precisa mezclarlos para obtener el color deseado, claro está que en la medida en que los niños tengan la posibilidad de realizar esta actividad irán advirtiendo la proporción necesaria de cada color para obtener el resultado deseado. Especial interés causa también la mezcla del azul y el amarillo, que permite obtener el verde.

En la primera infancia no se precisa que los niños aprendan las leyes químicas que explican lo que sucede al mezclar los colores; sin embargo, si se les sugiere observar un arcoíris podrán advertir que el anaranjado se obtiene con la mezcla de los colores vecinos en espectro. Lo importante es que el niño asimile la posibilidad de obtener nuevos colores al mezclarlos, despertar la curiosidad por esta tarea y que analicen los resultados obtenidos a partir de cómo lo hicieron.

Es necesario también despertar el interés por descubrir las causas de los fracasos mediante interrogantes que lo orienten: "¿Quizás la proporción de pintura utilizada de un color no fue la adecuada?", "¿Quizás mezclaste colores que no se debían?", "¿Cómo se puede arreglar?".

Es oportuno al establecer series a partir de las variaciones de una cualidad tomar en cuenta la intensidad con que la misma se manifiesta.

Es necesario que los niños adviertan el carácter relativo de las propiedades a partir del punto de referencia que se establezca para la comparación.

La comparación de cualidades (color) a partir de la intensidad con que se manifiesta, posibilita que los niños se acerquen a las relaciones cuantitativas.

La propiedad tamaño resulta más sencilla incluso que el color para advertir la relatividad. Las pirámides de tamaño conformadas por aros de un mismo color suelen ser de gran utilidad.

Para considerar la relatividad de las propiedades también es muy útil tomar como referencia ejemplos de la vida cotidiana, comparando juguetes, o niños; por ejemplo, un niño alto y otro bajo, pero luego llega otro que resulta ser el más bajo de todos. En este caso, el niño que inicialmente era el más bajo dejó de serlo al llegar otro de menor estatura. La comparación del tamaño suele tener gran significación para que posteriormente los niños sientan interés por utilizar las magnitudes, que permiten establecer las diferencias con mayor precisión.

La comparación es más sencilla cuando las diferencias son significativas, o sea, se hacen evidentes a la vista. Otras veces es más sutil y conviene entonces dar al niño procedimientos para que puedan determinar con mayor exactitud la diferencia entre el largo de los objetos. De igual manera, es necesario que la familia aproveche las situaciones de la vida cotidiana para que los niños sientan la necesidad de conocer recursos como la medición; por ejemplo, se quiere comprar o confeccionar un vestido para una muñeca, por tanto hay que medir el largo que tendrá el vestido para saber la cantidad de la tela que se precisa. Situaciones similares permiten despertar la curiosidad por la existencia de objetos que han sido elaborados especialmente con este propósito (reglas, cintas métricas), pero incluso, para demostrar que en su ausencia pueden utilizarse medidas convencionales (puede servir un cordel o tirilla de papel). La medición crea las condiciones para fomentar el interés cognitivo por la comparación de cantidades con mayor precisión.

Los niños podrán apreciar que una determinada longitud contiene tres medidas de las convencionales usadas, mientras que otra solo dos, por tanto una es más larga que otra en una medida o viceversa, una es más corta que la otra en una medida. Se requiere interesar al niño

En este caso la pirámide presenta mayor complejidad, pues los aros incluyen dos características: color y tamaño. Para armar la pirámide correcta los niños deben abstraerse del color y centrar su atención en el tamaño.

por el proceso de medición, para ello se debe apelar a la significatividad de este aprendizaje; situaciones de juego, como determinar la altura que debe poseer el garaje para que pueda entrar el camión, pueden crear una actitud positiva hacia esta importante acción de la vida cotidiana.

Debido a la estrecha relación entre el material con el que fue elaborado el objeto y las acciones que con este pueden realizarse, su determinación es otra propiedad o cualidad que los niños deben advertir. De igual modo es imprescindible aprovechar situaciones de la vida cotidiana para que distingan el material con que está elaborado y determinen las posibilidades de uso.

Téngase en cuenta que el niño primeramente centrará la atención en el propio objeto y luego, como resultado de una adecuada interacción con los adultos comenzará a darse cuenta de que fue hecho con materiales que le brindan determinadas posibilidades; por ejemplo, el robot de plástico puede acompañarlo en sus baños en la piscina, pero uno de metal, que posea además baterías, sufrirá daños que impedirán su habitual funcionamiento.

Para despertar el interés por los materiales de que están hechos los objetos, resulta oportuno realizar experiencias que permitan inferir de sus resultados las posibilidades de los mismos. Para llegar a conclusiones sobre la capacidad de flotar de un objeto en dependencia de las características del material que lo constituye, se puede invitar a los niños a que coloquen objetos en el agua (corcho, madera, plástico, metal, etcétera.), que observen y describan qué pasa: ¿cuál se hundió?, ¿cuál quedó arriba?

Es conveniente, para que el niño pueda distinguir un material de otro, que aprenda a explorarlo. La familia debe llamar también la atención sobre la procedencia de los materiales. Esto permite establecer las relaciones hombre-naturaleza, vínculo que también constituye una fuente valiosa para despertar intereses cognoscitivos. Por ejemplo: la madera se obtiene de los árboles; el plástico, del petróleo. En consecuencia, el mundo de los objetos puede despertar también el interés por las maravillas de la naturaleza.

Resumen

La vida cotidiana familiar está mediada por una gran variedad de objetos que se distinguen tanto por el tipo de necesidad que son capaces de satisfacer, como por diferentes cualidades y propiedades. Por eso, desde el primer año de vida constituyen una fuente de curiosidad para los infantes que debe ser aprovechada para favorecer su desarrollo intelectual. El interés por los objetos del entorno está asociado a la posibilidad que se brinde para interactuar con estos, en tal sentido se precisa que los niños participen en actividades que requieran de su uso.

EL CONOCIMIENTO DEL ENTORNO NATURAL

La variedad y presencia del entorno natural en las actividades de la vida cotidiana de los niños hacen que este sea una fuente inagotable de curiosidad. Los humanos, los animales, las plantas, el cielo, las nubes, el sol, la luna, la lluvia y otros fenómenos de la naturaleza están en contacto con los pequeños desde los primeros días, estimulando sus diferentes analizadores. De este modo, siempre que no sea un peligro potencial para su salud, es preciso darle la oportunidad de interactuar con ellos, hacer notar sus características externas más sobresalientes y distintivas, así como las internas, aquellas que no resultan perceptibles, pero que por su esencia permiten identificarlos en cualquiera de sus variaciones y asociarlos a categorías como: seres humanos, frutas, vegetales, animales domésticos, salvajes, entre otros.

Los seres humanos constituyen una fuente primaria de conocimiento de la naturaleza, los niños deben advertir sus peculiaridades distintivas y apreciarlas en su propia familia y en ellos mismos.

Desde los primeros años de vida el propio cuerpo del niño comienza a ser objeto de curiosidad, por tanto lo explora, tratando de conocer sus posibilidades. Así ocurre con cada una de sus partes, rostro, manos, pies e incluso órganos sexuales, situación que muchos adultos no saben manejar y tratan de evitar, con fuertes regaños o con gestos que expresan asco, rechazo o algo tremendamente prohibido, adjudicándole un sentido que para los infantes no existe. Incurren así en un grave error, que puede convertirse en causa de trastornos de la conducta sexual en otros estadios del desarrollo.

Se precisa promover la curiosidad por conocer e interpretar las señales que emiten sus órganos, aspecto que está muy relacionado con el control de esfínteres y que puede lograrse en el segundo año de vida. Los niños podrán no solo percibir las señales, sino también determinar las causas que producen su aparición. Resulta muy interesante para los pequeños de tres años advertir cómo los latidos de su corazón pueden acelerarse cuando se sorprenden o experimentan miedo, o cómo se incrementan las acciones de inspiración y expiración cuando realizan actividades físicas.

Se requiere que los niños adviertan la posibilidad exclusiva de los seres humanos de comunicarse con ayuda de la palabra y de cambiar el entorno mediante su actividad creadora, así como de transmitir a su descendencia sus experiencias y saberes, cualidad que los distingue y les da la connotación de seres sociales.

Al interactuar con la naturaleza se debe propiciar que los niños adviertan su carácter sistémico, con lo que se garantiza la organización de los conocimientos y se favorece el desarrollo de estrategias cognitivas que le permitirán ganar en independencia.

Resulta necesario despertar el interés de los niños por descubrir la existencia de dos grandes grupos que componen la naturaleza: la animada y la inanimada, así como los subgrupos que existen dentro de ellos (plantas, animales, humanos, aire, tierra, cielo, etcétera). Para ello se precisa despertar un insaciable interés hacia el entorno natural, que disfruten de su variedad y belleza, pero que al mismo tiempo adviertan la necesidad de organizar estos conocimientos buscando las relaciones que se establecen entre ellos.

Los niños deben advertir qué rasgos generales o criterios permiten dividir la naturaleza en dos sistemas como resultado de su experiencia. Teniendo en cuenta las características de la actividad cognitiva de los menores de seis años los criterios pueden ser: la posibilidad de nacer, de alimentarse y crecer de los seres vivos o animados, que no se expresan en su conjunto en la naturaleza no animada.

Estos criterios permiten desarrollar juegos, con niños mayores de cuatro años, dirigidos a clasificar los estímulos que reciben del mundo natural y provocar inquietudes relacionadas con cómo nacen, de qué se alimentan y cómo lo hacen, cómo ocurre su proceso de crecimiento y qué transformaciones sufren. Las variaciones que encuentran en estos procesos les permitirá paulatinamente ir estableciendo otros subsistemas o categorías (por ejemplo, ¿su nacimiento se produce por huevos o no?, ¿se alimentan solo de hierbas y frutas?, ¿también ingieren carne?, ¿cuál es su hábitat?, así como las relaciones entre estas características y las que observa en su cuerpo). Estas relaciones pueden representarse con la ayuda de modelos esquemáticos elaborados con la colaboración de los adultos.

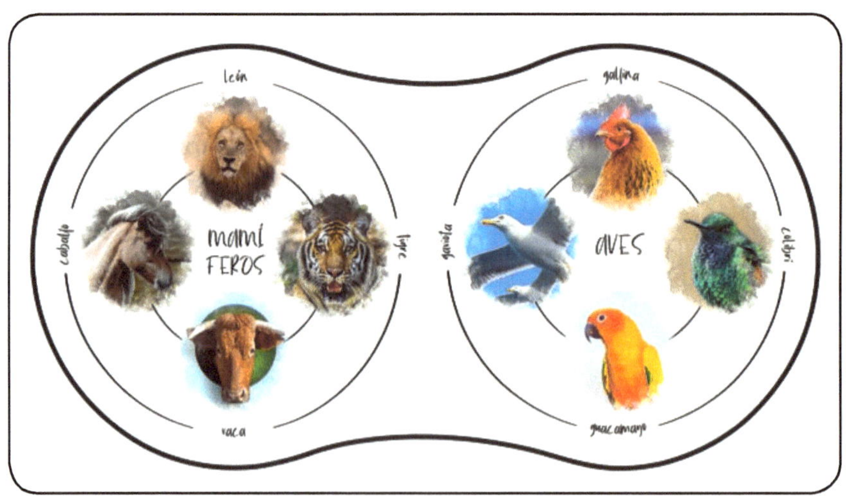

Este modelo representa la existencia de categorías de animales; sin embargo, ambos grupos pertenecen al mundo de la naturaleza animada.

En la medida en que el niño interactúa con cada uno de los aspectos de la naturaleza se debe despertar la curiosidad por profundizar los conocimientos que va adquiriendo. La ampliación del entorno en que se desenvuelven los pequeños favorece que surjan nuevas inquietudes cognitivas, que deben siempre satisfacerse.

El deseo de conocer la naturaleza, al igual que los objetos, tiene su fundamento en la estimulación sensorial. Es preciso destacar que la naturaleza constituye un fuerte estímulo auditivo, así pueden percibirse sonidos melodiosos y ruidos, algunos pueden ser imperceptibles y otras veces ensordecedores. El niño comienza a distinguir las cualidades sonoras del entorno natural, en la medida en que estas resultan necesarias para actuar, de ahí la especial significación que tiene la expresión sonora del lenguaje del adulto, pues el habla mediatiza todas las actividades y satisface la necesidad de comunicación socio-afectiva que le transmite seguridad.

Desde el momento del nacimiento, junto con el analizador visual, comienza a desarrollarse el oído. Tanto la observación como la escucha constituyen habilidades intelectuales básicas relacionadas con la posibilidad de concentrar la atención, que tiene un carácter involuntario, por tanto, depende en un inicio de las potencialidades de las propias características del estímulo para despertar la curiosidad, y más tarde de los intereses que van surgiendo como resultado de las interacciones sociales.

En el primer año de vida, el niño percibe las palabras emitidas por los adultos como algo ligado a otros estímulos sensoriales, reacciona y las comprende, fundamentalmente atendiendo al ritmo y la entonación.

Cuando no solo hablamos con el niño, sino que también le cantamos, se favorece la atención a la entonación, que se expresa en los movimientos de su cuerpo y en el deseo de reproducirlos. El desarrollo de la habilidad de escuchar requiere que en el proceso de comunicación se tome en cuenta las relaciones entre el tono de voz y el mensaje que se desea transmitir.

La reacción de búsqueda del sonido es uno de los logros principales de los seis primeros meses de vida que manifiesta la incipiente curiosidad de los niños por conocer la fuente que lo produce.

Alrededor de los dos años los niños se tornan muy atentos a la percepción de los sonidos de las conversaciones que establece el adulto, incluso cuando estas no se dirigen a él. Esto constituye un logro significativo que aparece como resultado de la estimulación, y que constituye una premisa para que muy cerca de los cinco años se manifieste la curiosidad por la composición sonora de las palabras, lo que constituye una premisa valiosa para el aprendizaje de la lectura y la escritura.

Junto al habla de los adultos, el niño dirige su atención hacia otras fuentes de sonidos, como los que emiten algunos animales. Estos sonidos resultan de gran interés, tanto que tratan también de imitarlos, por eso para denominarlos y obtenerlos aprenden primero la onomatopeya: *jau-jau*, *miau*, *pío-pío*, etcétera.

El interés por los sonidos se incrementa mediante juegos donde los niños deben adivinar quién lo produce. Así, ya en el segundo semestre del primer año de vida, los niños pueden reconocer las voces de los seres más queridos. Por la intensidad del sonido serán capaces de inferir, paulatinamente, si proviene de una fuente lejana o cercana, así como interpretar su significado estableciendo relaciones causa-efecto, por ejemplo, alrededor de los cuatro años pueden asociar el sonido de un trueno con la proximidad de lluvia.

El interés por los animales está sustentado en la interacción que establecen con ellos por diferentes vías. La familia debe inicialmente acercarlos a los animales domésticos; permitir que lo perciban en su forma natural y en sus representaciones tri-midensionales (juguetes o planas (láminas). Los videos resultan de gran utilidad pues pueden apreciar su forma de desplaza-miento, escuchar su sonido y conocer su hábitat, que también resultan de gran interés.

Una vez que los niños hayan adquirido conocimiento sobre animales de una misma familia, por ejemplo: gallina, paloma, patos, colibrí, entre otros, es necesario despertar la curiosidad por advertir los rasgos comunes que permiten ubicarlos dentro de una misma categoría; en este caso, aves.

La comparación entre los animales, atendiendo a determina-dos rasgos, favorece que los niños descubran que todos poseen como característica general que pueden trasladarse por sí solos de un lugar a otro, pero que no todos lo hacen de igual forma: unos caminan, otros saltan, nadan, se arrastran, vuelan, etcétera. Mientras que al compararlos por su aspecto exterior, advierten la posibilidad de agruparlos atendiendo a esta característica: los que tienen el cuerpo cubierto de plumas y los que lo tienen cu-bierto de pelos, la cantidad de patas y su forma, los que tienen mamas para alimentar a sus hijos después del nacimiento, entre otras características que pueden captar fácilmente los niños.

Ante la presencia de un animal que les resulte desconocido, es importante que los niños observen sus características y lo ubiquen en una de las categorías ya conocidas. Estas acciones garantizan el carácter sistémico del conocimiento. Resulta especialmente sorprendente e interesante para los niños presentarles animales que a pesar de que tienen algunos rasgos que se corresponden con una categoría que ya les resulta familiar, no pueden incluirse en esta, como el murciélago y la mariposa, que poseen alas y vuelan, pero no son aves. Tales situaciones provocan el interés por penetrar en los rasgos esenciales que permiten ubicarlos en una familia o subcategoría.

Después de los tres años de edad es habitual que los pequeños expresen su curiosidad por el reino animal y traten de comprender su hábitat y forma de reproducción desde la perspectiva de sus propias vivencias, les resulta por eso muy gratificante su personificación y buscan similitudes con los humanos. Así un niño de cuatro años pregunta: "¿Quién es la esposa del caballo?", pero rápidamente expresa la idea que él se ha formado a partir de sus vivencias, con otra interrogante, para comprobar su veracidad: "¿Son las caballas blancas?". El adulto responde "Es la yegua", y en su rostro se refleja una clara expresión de asombro e incomprensión. La situación descrita evidencia la existencia de un grupo de conocimientos ya construidos por el niño: matrimonios formados por ambos sexos, la terminación en "o" para el género masculino y en "a" para el femenino, así como la asociación de colores más suaves o claros a lo femenino, patrón cultural de referencia, formado a partir de las interacciones con los adultos.

Como ya se ha señalado, las preguntas de los niños constituyen manifestaciones de su curiosidad, por otro lado, las respuestas que se ofrezcan deben siempre motivar a los niños a observar, comparar y agrupar elementos de la naturaleza. Estos procedimientos garantizan la asimilación de conocimientos y a su vez generan la aparición de otros.

De modo similar es conveniente despertar la curiosidad por las plantas, resulta útil brindarles la oportunidad de reconocer sus características, entre ellas el uso, lo que permite formar grupos de plantas ornamentales, medicinales y alimenticias, sin dejar de considerar que a su vez forman parte de una clasificación más amplia: las plantas, como parte de la naturaleza viva.

Es importante fomentar la curiosidad por observar las variaciones en sus partes principales: raíz, tallo y hojas, así como el modo en que pueden germinar, crecer, las necesidades de agua, aire, luz y calor para vivir y desarrollarse.

Las frutas constituyen un aspecto de especial interés dentro del entorno natural, pues forman parte de la alimentación cotidiana de los niños, lo mismo ocurre con los vegetales. Por tanto, se debe aprovechar su presencia para despertar inquietudes que permitan conocer y establecer relaciones entre estas, el hombre, los animales y la naturaleza inanimada.

Resulta muy gratificante para los niños realizar pequeñas investigaciones para revelar el carácter sistémico de la naturaleza. Estas pueden sustentarse con paseos por parques zoológicos, visitas a museos relacionados con la naturaleza, conversaciones con personas conocedoras del tema, observación de videos, búsqueda de información sobre la temática en internet. Todas estas actividades contribuyen a satisfacer la curiosidad e incrementarla, una vez realizadas se requiere que la familia reflexione con los niños sobre las vivencias obtenidas.

Es necesario despertar el interés por apreciar las relaciones entre la naturaleza animada e inanimada. Para conocer la importancia del agua, el aire y el sol en la vida de los seres humanos, los animales y las plantas, se requiere tomar como referencia las propias vivencias de los niños, para que adviertan que no todas las plantas necesitan de la misma cantidad de agua, luz y calor para vivir, y que algunos animales no disfrutan de la luz solar. El surgimiento de estas inquietudes puede lograrse mediante la observación cotidiana del entorno o la observación de videos, así como la lectura de cuentos, entre otros procedimientos, que deben tener como principal objetivo que los niños perciban que detrás de cada nuevo conocimiento queda algo por descubrir, pues el entorno natural se distingue sobre todo por la diversidad.

Al salir a la calle es importante que los niños adviertan la brisa, de dónde viene y cómo pueden obtener este conocimiento. Colocar banderas para percibir el sentido de su movimiento puede ser un divertido juego que propicia la búsqueda de relaciones. La familia puede aprovechar los objetos inflables y preguntar qué tienen dentro, invitarlos a destapar el tapón y que experimenten qué sienten. De igual modo resulta necesario indagar sobre la importancia del aire para las personas.

Las características del agua pueden explorarse utilizando diferentes vías. Una de ellas puede ser proponer a los niños oler diferentes líquidos (perfume, café, agua, etcétera.) para que al compararlas lleguen a la conclusión de que el agua no tiene olor. También se les puede invitar a probar sustancias dulces (almíbar), ácidas (zumo de limón o naranja), y agua, para que los niños adviertan la diferencia. Se recomienda aprovechar los momentos cuando los niños ingieren agua y cuando riegan las plantas para destacar la utilidad de esta.

Existen diversas vías para lograr que los niños lleguen lo más independientemente posible a determinar que existen elementos del entorno con vida y sin ella. En cualquier caso es necesario que acumulen vivencias acerca de cómo nacen, se alimentan y crecen algunos animales, plantas y el hombre, tomando en cuenta algunas especificidades que suelen ser fuentes de curiosidad, así como la relación entre la naturaleza animada e inanimada.

Resulta importante que los niños vivencien que algunos animales en su crecimiento solo aumentan de tamaño, conservando su estructura y forma, pero otros al crecer sufren mayores transformaciones; por ejemplo, la mariposa, la rana. Realizar observaciones sistemáticas a estas especies puede ser una actividad placentera y enriquecedora, ya que desde los primeros años de vida los niños deben advertir la complejidad del entorno en que se desenvuelven, mediante el reconocimiento de sus regularidades, pero también de las irregularidades.

Otra peculiaridad de la naturaleza viva que suele despertar la curiosidad de los niños es la muerte; muchas veces los adultos tienden a ocultar o a ofrecer respuestas incorrectas sobre este evento, sin embargo, es un hecho que está presente en la vida cotidiana y que forma parte del ciclo vital. Con frecuencia los niños se enfrentan a la muerte de sus mascotas o de algún ser querido; estas situaciones deben aprovecharse para que los niños adviertan la importancia del cuidado de los seres vivos para prolongar la vida y garantizar su óptima calidad. En consecuencia, es oportuno despertar el interés por apropiarse de hábitos higiénicos culturales que preserven la salud, entre los que vale destacar el aseo de las manos y el cuerpo, la alimentación balanceada, el descanso mediante el sueño y la realización de actividades físicas, entre otras conductas que contribuyen a preservar la salud y extender la vida.

La curiosidad por las especificidades del hombre como parte de la naturaleza debe permitir que los niños comprendan su esencia social. Se requiere entonces apreciar el nacimiento, crecimiento y formas de alimentación desde esta perspectiva. Tomando en cuenta las experiencias de los propios niños se debe despertar la curiosidad por lo que hace el hombre por mejorar las condiciones de estos importantes procesos; ello permite significar la actitud cognoscitiva y transformadora de los humanos con la presencia de la actividad de estudio y el trabajo, que también deben constituirse en objeto de curiosidad.

Los niños deben advertir la posibilidad exclusiva de los humanos de comunicarse con ayuda de la palabra y la constante preocupación por buscar condiciones favorables para mejorar la vida mediante acciones creadoras que se conviertan en la actividad laboral.

Los niños deberán comprobar cómo realmente la posibilidad de hablar permite al hombre ponerse de acuerdo para realizar una actividad, planificarla, contar sus experiencias, etcétera. La familia debe procurar que los niños experimenten en sus propias actividades cómo utilizan el lenguaje para ponerse de acuerdo y coordinar sus acciones con los coetáneos.

Desde la perspectiva de las relaciones entre la naturaleza animada e inanimada los niños deben conocer la responsabilidad que tiene el hombre de preservar y utilizar convenientemente los recursos naturales.

El conocimiento de las relaciones que se establecen entre todos los elementos de la naturaleza debe constituir una fuente de curiosidad para los infantes. Es preciso aprovechar situaciones cotidianas en las que se evidencie, por ejemplo, la significación del agua para los seres vivos y las actitudes negativas que asumen los seres humanos y que pueden provocar su agotamiento.

Es necesario despertar el interés de los niños por valorar las actitudes de algunas personas que dañan la naturaleza, de la cual ellos mismos forman parte. Así los niños deben conocer los efectos que causa botar basura en ríos y playas, el desperdicio del agua y la energía eléctrica, y el daño que ocasiona el humo de cigarro y de las industrias en humanos, plantas y animales.

Las relaciones entre todos los componentes de la naturaleza, debido a las peculiaridades de la actividad cognoscitiva de los niños deben hacerse evidentes, por ello es importante aprovechar las vivencias que puedan obtener de la convivencia familiar.

La construcción de modelos en los que se representen estas relaciones pueden favorecer su comprensión, estos constituyen una estrategia cognitiva, que brinda la posibilidad que se visualicen relaciones que para los órganos sensoriales pueden permanecer ocultas.

Con la ayuda de un similar modelo los niños pueden interesarse y descubrir las condiciones necesarias para el exitoso desarrollo de los seres vivos.

Resumen

Es la familia la encargada de despertar el interés de los niños por la naturaleza, su diversidad y múltiples relaciones entre sus dos grandes subsistemas: animada e inanimada, así como por cada uno de sus componentes. Habilidades intelectuales como la observación, la comparación, la seriación, la clasificación y la modelación permiten el conocimiento del entorno natural; sin embargo, su desarrollo y formación está asociado a la curiosidad que experimenten por estos fenómenos.

EL CONOCIMIENTO DEL ENTORNO SOCIAL

Desde su nacimiento, los niños expresan sus necesidades sociales mediante las reacciones emocionales positivas al establecer una comunicación directa con los adultos más cercanos, que mediatizan las relaciones que establecen con el entorno. Estas interacciones constituyen en sí mismas objeto de atención de los pequeños y se convierten en un modelo que rápidamente imitan, lo que evidencia la creciente curiosidad infantil por conocer el entorno social.

Uno de los primeros conocimientos que adquieren los pequeños son las nociones acerca de lo que puede hacer y lo que resulta prohibido; así las interacciones sociales que se establecen desde los primeros días van formando las representaciones morales que regulan el comportamiento. Este proceso no ocurre aislado del conocimiento de los objetos y de la naturaleza, forma parte de este y regula las relaciones cognitivas y afectivas que con ellos se establecen. No obstante, tiene su complejidad, pues las normas morales se infieren de los comportamientos habituales, que al estar muy ligados a los contextos en los que se producen, pueden variar.

Un objeto de uso cotidiano, como un vaso, puede despertar en el niño la necesidad de conocer sus cualidades externas; pero también las normas establecidas para su uso, así como también el valor afectivo añadido (regalo de cumpleaños, lugar de procedencia), por lo que merece un cuidado especial, para conservarlo.

De igual forma los niños suelen sentir curiosidad por acontecimientos sociales que ocurren en el seno de la familia. Manifiestan así una actitud positiva que posibilita su conocimiento y el establecimiento de relaciones que despiertan el interés por otros aspectos propios de la vida en sociedad, por ejemplo, la celebración de un cumpleaños en la familia genera todo un proceso de preparación, de ruptura de lo habitual en el hogar, que resulta perceptible para los pequeños. Este momento debe aprovecharse para que experimenten vínculos afectivos con esa persona, adviertan lo importante que es para la familia y aprendan la significación que tiene realizar acciones para que los seres queridos se sientan bien.

La curiosidad por el entorno social tiene su génesis en la familia, sus miembros, costumbres y tradiciones; posteriormente se va ampliando a la comunidad donde vive, la ciudad, el país. El conocimiento que van adquiriendo se manifiesta en sus juegos, dibujos y expresiones verbales.

Resulta de gran utilidad establecer conversaciones con los niños que permitan recordar lo que vivieron y al mismo tiempo despertar nuevas inquietudes. Los niños de cinco años ya pueden narrar sus vivencias a otros miembros de la familia.

Por otro lado, en la medida en que el desarrollo ontogenético avanza, se amplía el círculo de relaciones sociales, especialmente surge una necesidad de interactuar con los coetáneos, esto conlleva al interés por el concepto de amistad y lo que ello implica.

La necesidad de intercambiar con sus coetáneos hace que los niños experimenten la necesidad de apropiarse de estrategias sociales. La pregunta de un niño de 4 años "¿Qué tengo que hacer para que esos niños sean mis amiguitos, para que quieran jugar conmigo?" expresa el deseo de interactuar y entra muchas veces en contradicción con el llamado egocentrismo infantil, que dificulta la posibilidad de ponerse en lugar de los otros. Resulta entonces muy difícil para ellos compartir sus pertenencias, juguetes y dulces, llegando a ser una situación que puede generar grandes conflictos.

Los sermones y la repetición de las normas acerca de que no deben pelearse con sus coetáneos y sobre la necesidad de compartir no ejercen una gran influencia en la regulación del comportamiento. Esto es un proceso más largo, que implica la construcción de la norma por el propio niño a partir de los efectos de su conducta y del ejemplo que le brindan los adultos en la vida cotidiana.

Es curioso observar que niños de tres y cuatro años ya conocen muchas normas morales y muestran gran interés por saber qué es correcto y qué es incorrecto; sin embargo, su comportamiento no se rige por lo establecido. En cambio, detectan cuándo otros se convierten en infractores; por ello acuden a los adultos con reiteradas quejas. Por ejemplo: "Mario no le prestó el motor a Keiner, se lo arrebató". Esta situación no debe comprenderse como una acusación que tiene como fin crear una imagen negativa de los otros, sino una protesta sobre la violación de una regla que ya conoce.

Al advertir el comportamiento errado de otros, los niños se ponen a prueba a ellos mismos y se convencen de la importancia de actuar en correspondencia con esta regla. El comportamiento social requiere del desarrollo de habilidades socio-afectivas, que permitan regular las emociones y la satisfacción inmediata de las necesidades, sobre todo si estas pueden poner en peligro o afectar a otros.

Otra manifestación de interés por el mundo social es el nombre de las personas. Precisamente en el tercer año de vida los niños advierten que todas las personas tienen un nombre y se inquietan por conocerlo, esto constituye una premisa importante para formar la identidad y los sentimientos de pertenencia a una familia.

Alrededor de los cuatro años resulta oportuno despertar la curiosidad de los niños por el origen de su nombre y el de sus seres queridos, con el propósito de que adquieran un significado, pues los nombres no se deben ver como una palabra más. Resulta muy interesante conversar con el niño sobre por qué los padres le llamaron así, cuál es el origen de su nombre, qué significa.

De igual modo, llamar la atención hacia el apellido refuerza la identidad familiar, despierta el sentido de pertenencia a un grupo social, permite conocer también las relaciones que se establecen entre los diferentes miembros de la familia. Es importante que los niños adviertan que llevan los apellidos del padre y de la madre, quienes a su vez tienen el de sus abuelos, herencia que distingue a las familias.

Una fuente de curiosidad puede ser la procedencia de sus apellidos: contar historias familiares peculiares suele ser de interés para los niños y les permite, además, sentirse orgullosos y contentos de pertenecer a esa familia. Debe lograrse que adviertan que su nombre puede repetirse en varios niños; sin embargo, el apellido los distingue. Por otro lado, llamar a las personas por su nombre es una norma moral que indica respeto, acerca a las personas, y facilita las relaciones.

La vida familiar también propicia la curiosidad por el trabajo de las personas más cercanas y la significación social de sus resultados, incrementa el respeto hacia ellas y su ocupación o profesión. Las propias características de la actividad cognitiva de los niños de tres años hacen que se vean atraídos por las acciones del trabajo de los adultos y quieran imitarlas, este interés puede utilizarse para que aprecien el valor social de las más diversas profesiones.

Pueden aprovecharse situaciones concretas propias de la vida cotidiana, por ejemplo al adquirir una fruta, saborearla, apreciar sus colores y aroma, se puede despertar el interés por el trabajo de los agricultores y comprender el bien que hacen a los demás con su esfuerzo.

De igual modo, un paseo por la ciudad puede despertar el interés por los constructores de casas, escuelas y parques. Resulta de gran satisfacción observar procesos de producción de diferentes objetos del entorno y posteriormente describirlos.

El trabajo doméstico en sus más disimiles variantes también se convierte en una fuente de curiosidad, por eso es conveniente darles la posibilidad de participar, graduando el nivel de exigencia según las posibilidades de los infantes. Es preciso darles el tiempo necesario para lograr la realización independiente de las tareas, sin olvidar el valor de la demostración, la orientación y las ayudas.

La familia debe propiciar el interés de los niños por brindar ayuda a los miembros del hogar, la realización de tareas hogareñas debe siempre estimularse atendiendo a los logros por mínimos que sean. Durante el proceso de su realización pueden surgir una serie de inquietudes, téngase en cuenta que la curiosidad y los intereses se amplían en la misma medida en que las interacciones con el entorno se incrementan.

Otra fuente importante del entorno social que fomenta la curiosidad es la ciudad donde vive, la provincia y el país. Este conocimiento se gesta desde el propio hogar, su calle o barrio. Es necesario despertar la curiosidad por conocer algunos detalles que hagan significativo y peculiar, pero que puedan servir incluso de punto de referencia.

Las representaciones modélicas, como los mapas, ayudan a que los niños puedan formarse una idea de la ubicación de su vivienda. Los niños de cuatro años, con la ayuda de mapas, pueden comprender que la ciudad está formada por múltiples calles, que estas tienen también un nombre que las identifica. De igual modo pueden ubicar parques, teatros e instituciones educativas que tengan significación para ellos, e incluso, determinar cuán cerca o distante se encuentran de estos.

Mediante las representaciones modélicas, el niño despierta su curiosidad por el entorno social.

De igual forma, el conocimiento de su ciudad y país debe conllevar a despertar otras inquietudes, como las relacionadas con la historia de los lugares, las personalidades distinguidas que también vivieron allí, el valor de sus realizaciones, las tradiciones culturales más importantes. Este conocimiento puede despertar el interés por conocer la existencia de otros, etcétera.

Resumen

La familia debe aprovechar las posibilidades que brinda el entorno social para despertar los intereses cognitivos variados y revelar las relaciones entre todos los componentes.

Es importante que los propios niños puedan advertir el papel de los seres humanos con su actividad fundamental en el establecimiento de las relaciones con los objetos y la naturaleza, logro que debe constituirse en una fuente para el desarrollo de la curiosidad de los niños que exige la activación de procesos intelectuales.

LA COMUNICACIÓN Y EL DESARROLLO
DE LA CURIOSIDAD

El desarrollo de los pequeños, incluso desde antes de su nacimiento está íntimamente ligado a las interrelaciones sociales o mediación social; que ocurre gracias a la comunicación, proceso que acompaña, condiciona, hace posible y potencia las más disímiles actividades humanas. En el proceso de comunicación, todos los participantes se influyen mutuamente, se transmiten conocimientos, valores, sentimientos, modos de actuación, se revelan sus intereses, expectativas y propósitos y en consecuencia se crean unos a otros. Se evidencia así la importancia de la comunicación en la formación de la personalidad y, de manera particular, en el desarrollo de la curiosidad infantil y su transformación en intereses cognitivos.

La sonrisa, los sonidos inarticulados, los movimientos, el llanto, los gestos entre otros, constituyen medios de contacto social y afectivo que utiliza el niño para comunicarse en los primeros meses de vida; sin embargo, a pesar del valor que tienen estos recursos de carácter no verbal, que el adulto suele interpretar, es evidente que resultan insuficientes para apropiarse de toda la experiencia histórico-cultural y ampliar sus interacciones sociales a diversos contextos.

Se requiere incorporar a la comunicación los signos lingüísticos: la palabra, reflejo generalizado de la realidad, que permite a los humanos la posibilidad de trascender lo concreto sensible, mediante la expresión de significados que posibilitan transmitir y acumular experiencias. De este modo, la asimilación de la lengua materna conduce al desarrollo del lenguaje, que constituye uno de los logros principales del desarrollo infantil que amplía y perfecciona la comunicación, así como la propia actividad cognitiva y afectiva, se hace posible así la regulación del comportamiento.

El lenguaje es la utilización individual de la lengua materna, se manifiesta en una forma peculiar de conocimiento de los objetos y fenómenos de la realidad y constituye la principal vía de comunicación entre los seres humanos, mediante la cual se intercambian conocimientos, experiencias, sentimientos y se coordinan acciones. El desarrollo del lenguaje como expresión de la apropiación de la lengua materna se refleja en toda la personalidad en formación y produce serias transformaciones en toda la actividad cognitiva y afectivo-volitiva, entre las que tiene especial significación el pensamiento verbal, la expresión verbal de los sentimientos y emociones y la regulación del comportamiento.

Existe una estrecha relación entre pensamiento y lenguaje. El desarrollo operado en las acciones del pensamiento se refleja en el lenguaje, ampliando las posibilidades de comunicación, pero ocurre también que el propio desarrollo del lenguaje perfecciona las acciones del pensamiento y las libera de la inmediatez.

Sin embargo, el desarrollo del lenguaje no puede asociarse solo con la apropiación de los signos lingüísticos y su significado, pues cuando nos comunicamos, expresamos también la relación afectiva con el contenido de la comunicación y con las personas con las que nos interrelacionamos. La entonación, el ritmo, el volumen, los gestos y la mímica, se asocian a la expresividad del lenguaje y determinan la comprensión del significado de las palabras, pueden incluso modificarlo. En consecuencia, los signos o recursos no verbales deben considerarse en el proceso de comunicación.

La comunicación es una forma de interacción humana que expresa las relaciones de los individuos entre sí, en el proceso de actividad, mediante el empleo de diferentes signos verbales y no verbales, cuyo dominio permiten tanto la comprensión como la construcción de mensajes gracias a los procesos de codificación y decodificación que realizan los participantes del acto comunicativo.

Visto de esta manera, la comunicación es un proceso de significación que transcurre mediante la comprensión y la construcción o producción de mensajes, de manera que su desarrollo está relacionado con el desarrollo de la función simbólica de la conciencia, rasgo que tipifica la actividad psicológica del hombre y que se consolida en la medida en que se produce la asimilación de signos establecidos a lo largo de varias generaciones para compartir significados.

Cualquier objeto o fenómeno de la realidad puede convertirse en un signo, capaz de expresar un mensaje, en tanto sea interpretado. Al respecto, vale destacar que el desarrollo de la curiosidad se asocia a la posibilidad de captar información que pueden ofrecer los más variados objetos y fenómenos de la realidad. Por ejemplo: la preparación del biberón anuncia al lactante que pronto se alimentará, la forma en que se disponen los muebles en el hogar permite inferir el tipo de actividad que se pretende realizar, el uso de determinada prenda de vestir por la madre anuncia la actividad que realizará, entre otras informaciones que con facilidad los niños son capaces de comprender con la ayuda signos no verbales.

La palabra como signo lingüístico expresa las relaciones que se establecen entre pensamiento y lenguaje mediante su significado: reflejo activo y generalizado de la realidad, que surge como resultado de las interrelaciones en la actividad práctica de los hombres, de este modo, se determina por la función del objeto dentro del sistema de la actividad humana y gracias a ello se incorpora al proceso de comunicación.

La comprensión de la palabra constituye un acto verbal del pensamiento, que posibilita la generalización de las experiencias sensoriales. En su significado se unen pensamiento y lenguaje, como condición que garantiza el cumplimiento de su principal función: la comunicación, pues es imposible garantizar las interacciones sociales sin una expresión mediatizadora.

Se precisa entonces que la familia realice acciones dirigidas a lograr que cada vez los niños amplíen el significado de los signos lingüísticos, para ello es necesario que adviertan la posibilidad que tiene una misma palabra para denominar objetos o fenómenos que externamente pueden ser diferentes, conocimiento que solo se logra en la actividad.

Para que el lenguaje sirva como instrumento de comunicación se precisa que los niños comprendan los signos lingüísticos, desde su carácter generalizador, que en su forma más desarrollada expresa los conceptos que pueden ser: nominales, adjetivales, verbales o circunstanciales y que en su relación permiten expresar conceptos cada vez más precisos.

Por otro lado, la formación de conceptos ocurre como resultado de la génesis y desarrollo de acciones de pensamiento, cuyos resultados solo podrán revelarse con la ayuda del lenguaje, que en este caso actúa como un instrumento del pensamiento.

Sin embargo, el significado que adquieren las palabras depende del desarrollo adquirido por el niño en su actividad intelectual o cognitiva. Así, en las diferentes etapas del desarrollo ontogenético el significado de las palabras difiere, se transforma, se amplía y va adquiriendo un carácter más generalizado. En los primeros años de vida, debido al carácter determinante de los procesos sensoriales, la comprensión del signo lingüístico está muy ligada a lo concreto sensible. Para un niño de año y medio la palabra *mamá* se asocia solo a su madre, posteriormente puede relacionarla con la mamá de sus amigos, e incluso con la de sus mascotas u otros animales, pero solo alrededor de los cinco años podrá comprender que su abuela es también mamá y mucho más tarde, comprender expresiones figuradas como "La tierra es la madre de todas las riquezas".

La familia debe aprovechar las diferentes situaciones comunicativas propias de la vida cotidiana para ampliar el significado de las palabras.

De igual modo, en el proceso de comunicación es importante considerar el sentido personal, de manera que pudiera decirse que en la comunicación se produce una interrelación entre los sentidos personales de los participantes, quienes son sujetos activos, portadores de experiencias, estados anímicos, propósitos o intenciones que mediatiza el proceso comunicativo; algo que paulatinamente los pequeños van advirtiendo, pues los recursos que utilizan para comunicarse, así como el significado, pueden variar cuando interactúan con diferentes miembros de la familia o con sus coetáneos.

En el proceso de comunicación es preciso que los niños adviertan que el significado del signo lingüístico puede variar en dependencia del contexto donde se produce la situación comunicativa y del modo en que este sea empleado e interpretado. Así los pequeños se percatan de la flexibilidad del significado de las palabras y la relación emocional de quien las utiliza con respecto al contenido que refiere y a quien lo dirige. La verdadera comunicación a través del signo lingüístico se logra con la ayuda de signos no verbales; puede considerarse, que en el caso del lenguaje oral, el ritmo, la pausa, la entonación, la modulación de la voz, así como la utilización de gestos, las posturas, la organización espacial, los colores, los olores, entre otros.

La caracterización del desarrollo del lenguaje en ontogenia demuestra que los signos lingüísticos no pueden comprenderse al margen de los signos no verbales, justamente durante el primer año de vida el niño percibe la palabra pronunciada por el adulto en íntima relación con la situación que resulta habitual (posición, lugar, semblante del adulto, tono, ritmo, entre otros aspectos del contexto).

La cualidad sonora del signo lingüístico connota la importancia del desarrollo de la escucha, considerada una de las habilidades comunicativas fundamentales. Se precisa así desde el primer año de vida lograr que los niños presten atención a las vocalizaciones del adulto, mientras que la disposición para imitar el sonido escuchado se convierte en una premisa valiosa para el desarrollo del habla.

La habilidad de escucha tiene su antecedente cuando el niño se concentra en la voz de la madre y al mismo tiempo sigue los movimientos de los labios y la cara de su mamá. Posteriormente, ya a partir de los seis meses, puede escuchar oraciones cortas, preguntas, y manifiesta la posibilidad de responder a ellas con las acciones correspondientes.

La escucha continúa desarrollándose, ampliando las posibilidades para la comprensión y a su vez para el surgimiento de nuevas inquietudes. Es importante hablarle al niño desde los primeros días de nacido, este es el estímulo más placentero que puede recibir del medio. Solo así se garantiza que pueda diferenciar los sonidos del idioma y posteriormente diferenciar las voces de los adultos, y volver el rostro cuando se le llama por su nombre, algo que constituye un logro significativo del segundo semestre del primer año de vida.

Desde los primeros meses de vida el niño concentra la atención en el lenguaje del adulto, sin embargo, cuando se le hace un cuento corto o una poesía, no es la comprensión del texto lo que le atrae, sino la propia sonoridad del lenguaje. Por eso es favorable que la familia seleccione obras literarias en las que, por la propia repetición de algunas sílabas, se produzca cierta musicalidad (tin-ton, tilín don, zapatero remendón).

A partir del tercer año de vida los niños pueden comprender el contenido del propio lenguaje, y en dependencia de la estimulación esta posibilidad se va ampliando: disfruta al escuchar cuentos, exige su repetición y se altera cuando el adulto introduce variaciones. Puede también permanecer atento a las conversaciones de los adultos, interviniendo muchas veces con interrogantes y opiniones.

En la medida en que se amplían las interacciones sociales del niño, como resultado del dominio de la marcha erecta, la oportunidad de adquirir nuevas experiencias se incrementa; conoce más objetos que pueden ser semejantes por su uso, pero diferentes en algunos rasgos externos, como el color o el tamaño y la palabra va adquiriendo paulatinamente su carácter generalizador. Esto no quiere decir que la comprensión de su significado de la palabra no esté ligada al contexto en que se escucha. En el proceso de comunicación existe una relación dialéctica entre los signos verbales y no verbales, que revela cómo ambos se necesitan y se complementan, de manera que el empleo de signos no verbales puede modificar, contradecir, sustituir o acentuar el significado de los signos verbales.

Por tanto, en el desarrollo de la comunicación, la familia debe prestar atención a la apropiación de signos verbales y no verbales. Estos últimos también forman parte de la herencia cultural que los niños deben asimilar y cada día aparecen con mayor presencia en la vida cotidiana, pues ellos amplían las posibilidades de comunicación.

A pesar de la creciente presencia de los signos no verbales en el entorno en que se desenvuelven los pequeños y de las posibilidades que estos ofrecen para que los niños puedan comprender y construir mensajes, su aprendizaje queda a la espontaneidad. Los adultos no siempre aprovechan conscientemente las posibilidades de la vida cotidiana para que los niños utilicen este recurso para comprender, construir mensajes y en consecuencia regular su comportamiento con mayor independencia.

Especialmente los signos no verbales de carácter icónico pueden ser interpretados por los pequeños y regular su comportamiento; su similitud con la realidad que representan favorece la comprensión del mensaje que transmiten. Resulta oportuno despertar la curiosidad en los niños por interpretarlo.

Alrededor de los cuatro años los niños pueden comprender íconos que aparecen, por ejemplo, en un sobre de refresco para indicar el modo de preparación, en una caja de juguetes para comunicar cómo proceder para armarlo, la saeta que indica el sentido en que debe colocarse un objeto para que no se rompa, la calavera en recipientes que contienen sustancias toxicas, entre otros. Este proceso de análisis de los íconos para obtener información constituye una forma inicial de lectura que debe ser objeto de curiosidad infantil.

La apropiación de la palabra como recurso comunicativo constituye un hito del desarrollo que puede alcanzar justamente por medio de lo no verbal.

Un logro significativo en el desarrollo de la comunicación del niño lo constituye el momento en que empieza a utilizar siempre la misma palabra para expresar una necesidad o solicitar un objeto. Las primeras palabras siempre se caracterizan por ser palabra-frase u oración mono-palábrica, pues no solo se denomina el objeto, sino también se asocia a la acción, por ejemplo: *eche* (leche) puede significar "quiero leche", *ota* (pelota) "se cayó la pelota o dame la pelota".

La posibilidad de construir oraciones requiere que el niño diferencie, y atribuya a cada unidad de expresión (palabra) un significado más estricto; se convierte en la palabra en unidad de expresión y de significado. Así se logra la evolución desde el elemento simple —la palabra— hacia estructuras más complejas como frases y oraciones. Este proceso ocurre en la medida en que el niño siente la necesidad de hacerse entender; para lo que se precisa que los adultos controlen su capacidad de anticipar lo que los niños intentan decir, dejándolo expresarse libremente y proporcionándole la apropiada confirmación sus expresiones.

En los primeros seis años de vida la habilidad de hablar, o sea, de comunicarse oralmente, constituye el principal logro de esta etapa, para su alcance es preciso tomar en cuenta los llamados componentes de la lengua: el fonético-fonológico, el léxico-semántico y el gramatical, que a partir de sus relaciones sistémicas garantizan la comunicación. Se precisa que los niños adviertan la necesidad de su consideración para garantizar la efectividad en las interacciones sociales, de este modo, apreciar los componentes de la lengua, debe constituirse en objeto de curiosidad infantil, lo que significa que el niño advierta la necesidad de su uso para comunicarse.

Componente fonético-fonológico

El componente fonético-fonológico abarca el conjunto de sonidos de la lengua natal y sus modelos o tipos ideales: los fonemas. Su desarrollo está ligado a la audición, en especial al desarrollo del oído fonemático, así como a la estimulación de las estructuras fonatorio-motrices (condiciones motrices para el desarrollo de la articulación y pronunciación) mediante la producción de los sonidos y sus combinaciones en las palabras, con el propósito de perfeccionar su articulación y diferenciación para garantizar la comunicación.

La atención a este componente propicia el desarrollo de la cultura fónica, que implica el surgimiento de la conciencia fonológica, asociada a la pronunciación adecuada, a los cambios en el tono, intensidad y ritmo en correspondencia con lo que se desea expresar, y el significado personal que se desea transmitir.

Debido a la estrecha relación entre los signos verbales y no verbales, la estimulación del desarrollo de este componente está asociada también a la escucha, diferenciación, identificación e interpretación de todos los sonidos provenientes del entorno, que como ya se señaló deben ser objeto de curiosidad de los niños. Esto facilita la capacidad de identificar y comparar sonidos verbales en diferentes momentos de la vida cotidiana.

La familia, desde el primer año de vida, debe estimular la concentración auditiva, en tal sentido debe promover la atención a los sonidos del entorno, tratando de que identifique la fuente del sonido y posteriormente el significado que transmite. Se sugiere que la familia despierte el interés por reconocer o interpretar los sonidos del entorno; por ejemplo: el sonido de una llave en la puerta anuncia la llegada del padre, al escuchar unos pasos se puede inferir si la persona se aleja o se acerca, la música que identifica la cercanía del vendedor ambulante de pan y dulces, entre otros.

Especial valor tienen los sonidos de los instrumentos musicales en los que pueden advertir cualidades como: altura, intensidad y duración que contribuye al desarrollo de la percepción auditiva y de la habilidad de escuchar.

Por otra parte, la articulación correcta de algunos fonemas puede asociarse a algunos sonidos del entorno, por ejemplo la pronunciación de la "s" puede compararse con el sonido de un globo desinflado; naturalmente, primero debe dársele al niño la posibilidad de escucharlo para que luego lo imite. El adulto podrá brindar el modelo en el que se considere, por ejemplo, dientes unidos y una sonrisa ligera, procurando que la lengua no se encuentre entre los dientes para que el aire pueda escapar.

Sin embargo, es necesario tomar en cuenta que la expresión oral de adultos y otros niños adquiere especial significación para lograr la diferenciación de los tonos, timbres, altura e intensidad de la voz en correspondencia con la intencionalidad del mensaje que se transmite y los estados de ánimo que se expresan. Mientras que la articulación de los sonidos siempre se hará desde las palabras, aprovechando las situaciones comunicativas reales.

El juego también puede ser muy útil para que el niño haga centro de su curiosidad los fonemas, entre estos se sugieren los siguientes, que pueden realizar con gran interés niños de cinco años:

- **Rimas de pareamiento:** Se presentan imágenes u objetos, cuya denominación responde a palabras que riman sonoro-silábicamente y otros que no riman, en este caso se propone escoger aquellos que riman.
- **Rimas de exclusión:** Se presenta una serie de imágenes u objetos, en los que la denominación de dos de ellos rimen, mientras que la palabra que designa al otro no tiene ninguna similitud acústica a las anteriores.
- **Transformaciones de palabras:** Su propósito es enfatizar en la función diferenciadora de los fonemas y su influencia en el significado. Debe iniciarse con un apoyo visual o sea, láminas u otros medios que luego serán retirados. Los niños deben advertir el sonido que cambia, por ejemplo, ajo y ojo, sol y sal. Un valioso apoyo visual es el modelo de la palabra construido con la ayuda de círculos. Estos se colocarán atendiendo a los fonemas que se escuchan en las palabras, pero el que se modifica será un círculo de diferente color.

- **Categorizaciones:** Se centran en la búsqueda de objetos o sus imágenes en tarjetas, cuya denominación mediante las palabras se realiza con el mismo sonido de la sílaba inicial. Los niños deben excluir la única que no cumple con ese requisito.
- **Análisis sonoro de palabras sencillas:** Se realiza con la ayuda de su representación modélica, diferenciando los sonidos de las vocales de los de las consonantes y utilizando fórmulas tales como: consonante + vocal + vocal (Ej. veo, feo, leo, etcétera.)

Importante

Para que los niños de cinco años puedan hacer la representación sonora de las palabras es oportuno utilizar un procedimiento o recurso visual denominado "modelo espacial". Para elaborar el modelo del análisis sonoro de la palabra se requiere primero buscar sustitutos que representen los sonidos vocálicos y los consonánticos, pueden emplearse círculos de diferentes colores (un color para los consonánticos y otro para los vocálicos), su ubicación en el espacio debe revelar la estructura sonora de la palabra, el modelo se construirá de izquierda a derecha en correspondencia con las reglas de lectura en el idioma español.

La propuesta de utilizar modelos elaborados con sustitutos no convencionales —como es el caso de círculo— está sustentada en el desarrollo de investigaciones que demuestran que no resulta necesario para niños de cinco años familiarizarse con los grafemas.

Primero el niño utiliza el modelo que construyó el adulto, posteriormente podrá construir sus propios modelos, utilizando libremente cualquier sustituto que desee para representar los sonidos.

El modelo espacial se convierte en una estrategia cognitiva que permite hacer evidente relaciones ocultas para el niño. En este caso permite realizar una percepción analítica de la composición sonora de las palabras de manera activa, para identificar sonidos en palabras y el orden en que aprecen, compararlas de acuerdo a su composición sonora y, en consecuencia, advertir la relación entre los fonemas, y el significado que transmite.

Componente léxico-semántico

El componente léxico-semántico está relacionado con el vocabulario, la comprensión y uso de las palabras en correspondencia con su significado para transmitir un mensaje. De este modo, durante los seis primeros años de vida se debe generar en los niños la necesidad por incrementar el vocabulario, tomando en cuenta diferentes categorías lingüísticas: sustantivos, verbos, adjetivos, adverbios de tiempo, lugar y espacio, pronombres, preposiciones, artículos, entre otras.

El desarrollo del vocabulario se produce en el marco de una situación comunicativa real que se gesta en la vida cotidiana mediante la realización de diferentes actividades, entre las que vale destacar aquellas de carácter lúdico, en las que los vocablos ganan en precisión pues, gracias a la posibilidad de interactuar en diferentes contextos, el significado de las palabras se aparta de lo concreto sensible y adquiere su carácter generalizador.

Por otro lado, la literatura infantil, la música y la observación de audiovisuales constituyen recursos de gran valía que enriquecen el vocabulario, justamente porque los niños pueden incluso advertir por ellos mismos su significado a partir del contexto en que se emplean. Por otro lado, la conversación que se establece, a partir de estas manifestaciones artísticas genera la necesidad de utilizar las nuevas palabras, y posibilita que posteriormente las empleen libremente en otras situaciones comunicativas.

Si la familia aprovecha las disímiles situaciones de la vida cotidiana en el desarrollo de la comunicación de los niños que arriban al segundo año de vida, se podrá apreciar un sensible crecimiento del vocabulario, que les permitirá no solo responder con acciones, sino también con palabras, así como iniciar los contactos verbales. Sin embargo, es necesario destacar el mayor número de palabras que dominan los niños de esta edad son sustantivos y verbos, en menor escala adjetivos y son muy escasos los adverbios y otras categorías, por eso se expresan casi siempre con oraciones cortas.

A partir de los tres años se produce un salto cualitativo en el desarrollo del lenguaje que se expresa incluso en la posibilidad de interactuar no solo con los adultos más allegados, sino también con otros niños. Se incrementa notablemente el número de vocablos, cuyo significado comprende un número o clase de objetos, animales, plantas o personas.

Para enriquecer el vocabulario de los niños con palabras que expresan conceptos categoriales la familia debe tener en cuenta el principio de la asequibilidad del conocimiento; es decir, si se requiere que los niños comprendan y utilicen la palabra "frutas", ya deben tener incorporadas palabras como *mango, plátano, guayaba, naranja.*

De igual modo, se debe considerar la posibilidad de ampliar su vocabulario con adverbios que indiquen relaciones de lugar; la familia podrá preguntar a los niños acerca de la ubicación de un objeto con relación a ellos mismos y con relación a otros objetos. Por ejemplo: "la mesa está delante de mí y la ventana detrás, el libro de cuento está debajo de la revista, pero arriba del periódico"; "está entre la revista y el periódico". Advertir estas relaciones y precisarlas con un vocablo puede resultar de interés para los pequeños sobre todo si se realizan juegos de tipo adivinanza.

Igual significación tienen los adverbios o expresiones adverbiales relacionadas con el tiempo, que a pesar de su relatividad los niños también pueden emplearlos, sobre todo si se dan actividades de la vida cotidiana que resulten significativas. Ejemplo: El niño se levanta *por la mañana, después* va al jardín infantil, *luego en la tarde* regresa, juega, cena y *por la noche*, duerme. De mayor complejidad resultan vocablos como *ayer, hoy* y *mañana,* lo que no impide que alrededor de los cinco años ya puedan comprender su significado y usarlas de manera adecuada. Resulta oportuno que la familia provoque conversaciones sobre lo que planean hacer el día siguiente y lo que hicieron el día anterior, el uso de almanaques donde los niños puedan incluso hacer sus dibujos o colocar otras señales que anuncien las actividades de ese día puede crear una disposición positiva hacia ese tipo de conocimiento y favorece la asimilación de estos vocablos.

Un logro significativo relacionado con este componente es la actitud consciente hacia el idioma, que comienza a ser objeto de curiosidad. A partir de los cuatro años, el interés por conocer el significado de palabras que escuchan de los adultos o en programas televisivos se incrementa. Por eso se escuchan preguntas como: "¿Qué es propina?", "¿Qué es felino?".

El desarrollo del componente lexical se expresa también en la posibilidad de captar algunas expresiones del lenguaje figurado y el interés por comprenderlas. La literatura infantil puede contribuir a este logro, es preciso llamar la atención al efecto positivo que tiene su uso, la ayuda que brindan para describir o narrar una historia, lo ameno y divertido que pueden resultar esos recursos.

Componente gramatical

El componente gramatical está relacionado con la morfología (leyes de transformación de las palabras) y la sintaxis (combinación de palabras dentro de la oración). La apropiación de este componente ofrece mayor nivel de dificultad, y suele ocurrir como resultado del aprendizaje escolar. El uso adecuado de la gramática, en los menores de seis años, es resultado de que en el proceso de comunicación se forman ciertos estereotipos que responden a las reglas gramaticales de su lengua natal.

Así, alrededor de los tres años es muy común escuchar cómo los niños utilizan el artículo "la" para acompañar sustantivos femeninos y "el" para los masculinos. De igual modo, muy pocas veces se equivocan en las terminaciones de los sustantivos en correspondencia con el género y la cantidad, y pueden asombrarse cuando esto no ocurre así, dando lugar a situaciones que resultan cómicas: un niño de dos años y medio no entiende por qué si su género es masculino su apellido es Cuenca y no Cuenco.

Es común escuchar que niños de cuatro o cinco años cometen errores al conjugar verbos irregulares que se apartan de lo general, por ejemplo: "poní" "queriba", "vayaras". La causa de estos errores está en que evidentemente han atrapado, producto del uso, la forma en que se conjugan los verbos regulares, se asocian a lo que se conoce como el fenómeno de la *aplastante lógica infantil*.

Tenga en cuenta que...

Ante los errores gramaticales que pueden cometer los niños, es importante que el adulto no los repita al tratar de corregirlos, pues podría reforzarse, solo debe decirlo correctamente, para tratar que adviertan la forma adecuada.

La necesidad del uso de los tiempos verbales puede lograrse mediante conversaciones sobre las acciones que pretenden realizar o que ya fueron realizadas, las narraciones de vivencias o cuentos, que tendrán como precedente el modelo proporcionado por el adulto, contribuyen al uso correcto de la gramática de su lengua. El uso de estos procedimientos comunicativos también garantiza la posibilidad de considerar la secuencia en la que las diferentes categorías de palabras deben emplearse. Paulatinamente, las oraciones que construyen los niños deben ampliarse, tomando en cuenta la concordancia de las estructuras gramaticales para expresar sus ideas de forma clara y coherente.

La morfología de las palabras también constituye objeto de curiosidad de los niños, alrededor de los cuatro años comienzan a advertir relaciones entre algunas palabras, especialmente cómo unas se derivan de otras con otro significado: zapato-zapatero-zapatería, reloj-relojero-relojería, carro-carretilla-carreta-carretera, etcétera. Se debe evitar el empleo de diminutivos o aumentativos, pues ellos no incluyen un nuevo vocablo, sino variaciones del mismo. Jugar a formar familias de palabras resulta muy divertido para los pequeños de cinco años.

Para favorecer el exitoso desarrollo de la comunicación la familia puede tomar como guía las siguientes interrogantes: ¿qué se desea comunicar, o expresar?, ¿cómo? ¿a quiénes? ¿para qué?

La primera interrogante está relacionada con el contenido o referente comunicativo, ello implica la importancia de proveer al niño vivencias significativas, que despierten la necesidad de expresarse por diferentes motivos: mantener una relación afectiva positiva con adultos y coetáneos, compartir información, satisfacer inquietudes, entre otros.

La segunda, con los recursos que se utilicen para expresar significados (signos verbales y no verbales), así como la forma en que estos se estructuren u organicen y relacionen para transmitir un significado.

Mientras que la tercera y la cuarta están relacionadas con los factores del contexto que están determinando el proceso de significación o situación comunicativa. De este modo implica considerar quiénes participan en el proceso comunicativo, dónde se produce el mismo y cuál es su finalidad o propósito.

Se precisa que los niños adviertan que la forma y los recursos que se empleen dependen mucho de los participantes. No es igual cuando se comunican con las personas allegadas, que cuando lo hacen con aquellas con las que las relaciones no son cercanas. De igual modo varían los recursos, si cambia la intención comunicativa, no será el mismo tono el que se emplea cuando se agradece o solicita ayuda que cuando se da una orden. Es necesario, por tanto, propiciar situaciones comunicativas variadas, de manera que los niños puedan advertir las modificaciones que se producen con relación al qué y cómo se significa en dependencia del contexto, así como que manifiesten una actitud positiva ante este necesario conocimiento.

La variedad de situaciones comunicativas en las que se ven inmersos los niños en la vida cotidiana demandan del dominio de diferentes procedimientos comunicativos que desde los primeros años de vida deben constituirse objeto de conocimiento, y por tanto, también deben convertirse en objeto de la curiosidad infantil, a partir del reconocimiento de la forma en que pueden realizarse y su importancia en función de la intención o propósito de la comunicación. Entre estos procedimientos comunicativos pueden relacionarse: el saludo, las solicitudes, las despedidas, los agradecimientos, las felicitaciones, las preguntas, la conversación y otros más complejos como la descripción, la narración y la explicación.

Como resultado de una eficiente estimulación de la comunicación durante los seis primeros años de vida los niños deben manifestar cada día mayor independencia en el proceso de comunicación y efectividad en el uso de los diversos procedimientos comunicativos, lo cual está relacionado con la consolidación de los logros alcanzados en los procesos de comprensión y construcción de significados, significados. Estos procesos se relacionan con el desarrollo de la actividad cognitiva y afectiva volitiva y el desarrollo de la atención, la percepción y las operaciones del pensamiento, así como de la amplitud de motivos e intereses, la formación de sentimientos y la posibilidad de regular el comportamiento.

Los diferentes procedimientos comunicativos que amplían y enriquecen la comunicación alcanzan su realización mediante la integración de signos verbales y no verbales. Al emplearlos, resulta de vital importancia que los niños adviertan las modificaciones que se producen a partir de las variaciones en la intensidad, tono y ritmo de la voz, los gestos y movimientos corporales que se realicen, entre otros recursos paralingüísticos que determinan su efectividad a partir de la necesaria coherencia entre el contenido y forma de las expresiones verbales.

Suele ser muy divertido e interesante realizar juegos verbales con los niños en los que se advierta que a pesar de que se utilicen las mismas palabras, se modifica el significado a partir de los cambios que se introducen en la entonación, el timbre y la realización de gestos.

Sin embargo, el modelo de comunicación que proporciona la familia en las interacciones sociales que se establecen en la vida cotidiana permite que los niños adviertan su efectividad. Por ejemplo, cuando la madre, para solicitar ayuda, acompaña la expresión "por favor" con un tono agradable y una expresión de confianza en el rostro, y recibe a cambio la disposición del padre para colaborar.

La literatura infantil y los audiovisuales también constituyen un modelo para favorecer el uso de los diferentes procedimientos comunicativos, pero esto no puede dejarse a la espontaneidad, el adulto debe despertar el interés de los niños por advertir la forma en que los personajes del cuento o del dibujo animado utilizaron para saludarse, para agradecer o para desear felicidades y el efecto que con ello causaron. Puede resultar interesante también que comparen la forma en que usaron el procedimiento comunicativo los personajes con la forma que tradicionalmente ellos utilizan, lo que puede despertar el interés por conocer incluso las variaciones culturales con respecto al uso de determinados vocablos o gestos.

Entre los procedimientos comunicativos se destaca el desarrollo de la conversación, esta acompaña las más diversas actividades y satisface tanto necesidades cognitivas como afectivas. La conversación tiene implícita la habilidad de escuchar a los otros y expresar sus opiniones, apelando a la integración de recursos verbales y no verbales sin interrumpir, por eso está asociada al desarrollo de la atención y requiere del ejercicio de operaciones mentales que le permitan comprender y emitir mensajes. Es oportuno que el niño se mantenga activo e interesado hasta que finalice y que cumpla reglas importantes como esperar su turno. Este procedimiento tiene su génesis en la posibilidad de preguntar y responder, que suele manifestarse con nitidez al final del segundo año de vida y debe continuar su desarrollo para que se convierta en una vía valiosa para canalizar las inquietudes de los niños, ampliar los conocimientos y compartir sus experiencias.

La familia debe tener presente que la posibilidad de participar activamente en las conversaciones está asociada a las vivencias que poseen los niños y su significatividad. El éxito en una conversación sobre el tema del zoológico está asociado a la visita que pueden haber realizado a este lugar o que esperan realizar, al interés que experimenten por los animales, entre otras vivencias relacionadas con la temática.

En la conversación es fundamental tener en cuenta que los niños se expresen libremente, que establezcan por sí mismos nuevas relaciones a partir de lo que manifiestan los otros participantes. No debe convertirse en un interrogatorio por parte del adulto, téngase en cuenta que este procedimiento puede incluir en sí mismo otros como la descripción o la narración.

La conversación, como procedimiento comunicativo, puede asociarse a la dramatización de obras literarias, en la que los niños reproducen los diálogos que establecen los personajes. Resulta oportuno que la familia aproveche momentos de esparcimiento en el hogar para despertar el interés por dramatizar un cuento, fábula o una poesía. Es necesario que el niño tenga la posibilidad de elegir el personaje que desea representar y que identifique los rasgos externos e internos que lo caracterizan, los cuales pueden determinar su papel en el desenvolvimiento del trama de la obra y de manera muy especial los recursos verbales y no verbales que serán utilizados en sus intervenciones.

Por otro lado, la preparación de la dramatización propicia un trabajo en equipo cuyos integrantes pueden ser los miembros de la familia. A su vez, posibilita el uso de procedimientos comunicativos dirigidos a ponerse de acuerdo y planificar las acciones que realizaran en función de garantizar la comunicación, como la búsqueda o confección de algunos atributos externos que favorezcan la comunicación verbal con el auditorio.

La descripción constituye otro procedimiento comunicativo que está presente en diversas situaciones comunicativas de la vida cotidiana. Su empleo por parte de los adultos muchas veces responde a la satisfacción de la curiosidad de los niños por obtener conocimientos acerca de los objetos, personas, animales, procesos o fenómenos del entorno, sin embargo, resulta también necesario lograr su desarrollo paulatino en los menores de seis años.

Es importante llamar la atención de los niños sobre los modelos de descripción que aparecen en textos literarios, en los que se utilizan recursos como la comparación, que contribuye a que los niños puedan formarse una imagen aproximada del objeto o fenómeno descrito. Las descripciones, realizadas con el propósito de que los niños adivinen de qué se habla, resultan un medio muy efectivo, para despertar el interés por perfeccionar este procedimiento comunicativo.

Por su parte, la narración, considerada uno de los procedimientos comunicativos más complejos para estas edades, resulta de gran interés para los niños. Incluso en el segundo año de vida los pequeños pueden escuchar las narraciones de los adultos; sin embargo, es solo a partir del quinto año de vida que pueden iniciar este procedimiento de manera independiente.

En la medida en que se logre despertar el interés de los niños por narrar a otros miembros de la familia un cuento escuchado, la vivencia de un paseo o un hecho imaginario podrá observarse mayor nivel de desarrollo en el vocabulario, así como en la coherencia, la expresividad, la fluidez y el uso correcto de la gramática; lo que favorece la creatividad en sus expresiones orales.

Es importante que al apropiarse de estos procedimientos comunicativos el niño advierta en qué consisten; por ejemplo, la descripción se relaciona con la enumeración de cualidades, mientras que la narración se relaciona con el relato de un suceso; por tanto posee una estructura conformada por una introducción en la que se presentan los personajes y el contexto en el que se desenvuelven y se esboza el problema, un desarrollo o clímax en el que se describe el suceso o trama y el momento final o desenlace en el que se resuelve el problema. De este modo, la coherencia lógica está relacionada con la consideración de los componentes estructurales, y la posibilidad de llevar al plano de las palabras mediante oraciones ampliadas y subordinadas las ideas sin que se afecte la fluidez y la expresividad.

El desarrollo de la narración depende mucho del modelo que la familia sea capaz de brindar, por eso debe prepararse para narrar a los niños, esto implica organizar con antelación las ideas que expresará y seleccionar los recursos más apropiados para captar la atención de los infantes. No es recomendable apurar al niño para que narre, sobre todo si cuenta con un público amplio, pues las dificultades que presente pueden llevarlo a rechazar esta actividad.

Se requiere primero desarrollar la habilidad de escuchar la narración del adulto, quien podrá repetirla si los niños lo desean. Una vez escuchado el cuento, debe establecerse una conversación, para comprobar la comprensión y organizar las ideas principales en correspondencia con los componentes estructurales de este tipo de procedimiento: introducción, nudo y desenlace.

La mayoría de las veces ocurre que cuando el niño intenta narrar, fracciona en exceso su expresión oral, o sea, se pierde la fluidez, pues requiere un espacio de tiempo para organizar las ideas que expresará, de este modo los adultos, con el ánimo de ayudarlo, le hacen preguntas y la narración se transforma en un diálogo.

También es cierto que otras veces el niño expresa el contenido del cuento como resultado de un aprendizaje mecánico, pues lo ha escuchado un sinnúmero de veces y se ha formado una cadena verbal, con la ausencia de la comprensión; así, al narrar puede violar alguna parte esencial o alterar el orden sin darse cuenta. Además, no se aprecia en la narración la necesaria creatividad en el uso de los diferentes recursos comunicativos.

Un recurso que permite minimizar las complejidades de la narración es la modelación de las partes principales del cuento con la ayuda de dibujos esquemáticos que expresan las principales ideas. El propio proceso de realización del dibujo genera o activa el lenguaje interno que organiza las ideas y favorece su tránsito al plano del lenguaje.

El dibujo no requiere trazos perfectos, pero sí debe representar los momentos más significativos del cuento y responder a la estructura de la narración. El modelo constituye un procedimiento externo para organizar la narración. Primero la familia puede ayudar al niño a elaborar el modelo que utilizará, pero siempre es esencial que los niños tomen conciencia de su valor para perfeccionar la narración.

El propio proceso de construcción del modelo permite que entre la familia y el niño se establezca una amplia comunicación sobre las ideas que representarán en cada una de las partes del modelo y los recursos lingüísticos utilizados por el autor del cuento para transmitirlas.

El modelo construido permite que se puedan evitar algunos errores antes de la narración infantil, pues al analizarlo podrán darse cuenta si se ha invertido el orden de los sucesos o si se omitió algún pasaje significativo, lo que, como consecuencia, alteraría la lógica en la exposición progresiva de los hechos. La corrección en el modelo construido impide que se altere la coherencia semántica en la ejecución de la narración: uno de los indicadores más importantes del desarrollo de este procedimiento comunicativo.

El modelo de un cuento, elaborado con dibujos esquemáticos se asocia a la posibilidad de expresar sus ideas de manera gráfica, puede entenderse como vía para que los pequeños incursionen en una forma de "escritura". Mientras que si se tiene en cuenta que al usarlo se produce un proceso de interpretación de los dibujos también pueden asociarse a la "lectura". Por otro lado, al elaborar el modelo, debe tenerse en cuenta que el orden de los dibujos en el espacio se corresponde con el sentido de la escritura (izquierda a derecha).

La utilización de modelos como apoyo para la narración permite que los niños de cinco años puedan hacer narraciones de cuentos con mayores demandas a la creatividad, como es el caso de cambiar el final, narrar el cuento asumiendo el papel de uno de los personajes lo que implica, incluso, omitir algunos pasajes en los que este personaje no tuvo participación, también pueden narrar el cuento introduciendo un nuevo personaje creado por los niños, narrar el contenido de una película infantil o dibujo animado o un hecho imaginario que puede tener su origen, incluso en sus propias producciones plásticas.

Las narraciones creadoras de los niños y los dibujos que ilustran su contenido pueden llevarse a un texto escrito (libro de cuento), cuya autoría le corresponde al niño con la colaboración de sus familiares. Esta actividad puede resultar muy amena y su vez constituye una manera de despertar en los niños el interés por la escritura; sobre todo para que adviertan la posibilidad que brinda para preservar las producciones orales y al mismo tiempo apreciar el valor de los resultados de su actividad para los otros, pues sus cuentos pueden ser leídos a otros niños y miembros de la familia.

La explicación también constituye un procedimiento comunicativo oral que podrán utilizar niños de cinco años. Para despertar el interés por su uso y perfeccionamiento deben aprovecharse las posibilidades que brinda la actividad cotidiana, especialmente aquellas que resultan significativas. Así, si un pequeño conoce cómo proceder para realizar un juego de mesa (por ejemplo dominó de figuras) puede solicitársele que le explique a otro miembro de la familia para que también pueda participar. De igual modo, la explicación puede asociarse a la búsqueda de relaciones causa-efecto a partir de la realización de algún experimento y como en otros procedimientos comunicativos el modelo que recibe de los adultos es muy importante.

A pesar de que los procedimientos comunicativos en los seis primeros años de vida están fundamentalmente relacionados con la expresión oral, pueden también asociarse a la expresión escrita considerando la ayuda del adulto, así es necesario despertar el interés por elaborar una tarjeta de felicitación dirigida a un miembro de la familia o amigo.

También puede incursionarse en la redacción de mensajes escritos a un familiar ausente, los niños pueden decir oralmente las ideas que desean comunicar, mientras que el adulto con ayuda de preguntas las organiza y las escribe. La tecnología puede ayudar mucho en este sentido, brindándole la posibilidad de utilizar los íconos que aparecen como opciones en las redes sociales y escoger aquellos que permiten expresar sus ideas.

Los signos de carácter icónico resultan de fácil comprensión para los pequeños, justamente por su parecido con la realidad que representan, su utilización además de favorecer la comunicación, permite que los niños ganen en independencia y regulen su comportamiento.

Es importante despertar la curiosidad por la interpretación de íconos, para ello se precisa apelar a la observación atenta del entorno y advertir la presencia de estos así como su utilidad. Al pasear con el niño es preciso despertar el interés por anuncios, murales, afiches e incitar a su comprensión a partir de la observación y el análisis de la imagen que proyectan. Por ejemplo, aquellos íconos que anuncian la cercanía de un lugar donde se puede ingerir alimentos, los que indican la posibilidad de cruzar la calle sin peligro o el que indica el uso del sanitario en dependencia del género, entre otros. Vale destacar que el creciente uso de la tecnología de la información apela a este tipo de signo, gracias a ello estos recursos resultan accesible a niños de apenas tres años, quienes pueden, mediante su interpretación, hacer uso de celulares, tabletas y ordenadores.

El niño debe advertir la presencia de un ícono conocido en variados lugares, de igual modo resulta oportuno que analice cada uno de sus detalles, que los compare con la realidad que representan y con otros para denotar las relaciones entre estos y el significado que trasmiten. Así podrá lograrse que también construyan sus propios íconos con el propósito de trasmitir algún mensaje, por ejemplo, rotular una gaveta o cajón con la imagen del tipo de objeto que se colocará o la imagen del propietario de las pertenencias que allí se conservan.

La interpretación del mensaje elaborado con signos no verbales se asocia a la habilidad de leer, en este caso sería lectura de imágenes, lo que se convierte en una valiosa premisa para la lectura de signos lingüísticos, mientras que la creación de íconos con la ayuda de imágenes que pueden ser dibujadas o recortadas y pegadas se asocia a la habilidad de escribir.

Habilidades comunicativas como la lectura y la escritura se constituyen en fuente de curiosidad infantil; sin embargo, por el carácter abstracto y convencional del signo lingüístico, el establecimiento de la relación entre la representación gráfica de la cualidad sonora de la palabra y su significado resulta de extrema complejidad para los pequeños. Si se toma en cuenta el valor de los signos no verbales y los códigos que se utilizan para elaborar mensajes de este tipo, se puede afirmar que el desarrollo de estas habilidades comunicativas en los menores de seis años desde esta perspectiva resulta oportuno.

Por otro lado el interés por la lectura y la escritura puede comenzar a fomentarse desde finales del primer año de vida, cuando la familia enseña libros a los niños y llama la atención a las imágenes que en estos aparecen y las comenta, o cuando le muestra una crayola y trata de interpretar la huella que deja en el papel asociándola a un objeto de la realidad.

Las ilustraciones y la buena literatura brindan la posibilidad de acercar a los niños al placer del conocimiento.

Los libros de cuentos infantiles abren puertas a un mundo fascinante y desconocido. Las ilustraciones que allí aparecen permiten inferir de qué se tratan, por eso resulta necesario darles a los niños la posibilidad de observarlos antes de leerlos, incluso ya en el tercer año de vida, a partir de las imágenes se les puede hacer preguntas de inferencia relacionadas con los personajes: "¿qué les sucedió?". Resultan de gran utilidad aquellos textos infantiles en los que debajo de las ilustraciones aparece el texto escrito, pues esto permite que el niño a partir de su observación simule el acto de lectura. Por otro lado, el encuentro con los textos infantiles debe permitir que los niños los perciban como fuente de placer y de conocimientos.

A partir de los tres años es preciso dar a los pequeños la oportunidad de interactuar con variados tipos de textos escritos, que están presentes en la vida cotidiana de la familia como: revistas, libros de cocina, periódicos, novelas, textos científicos, justamente para que con la ayuda del adulto puedan determinar a partir de las peculiaridades de su formato a quiénes van dirigidos y la información que brindan.

Al observar diferentes tipos de textos, los niños de cinco años ya pueden advertir los recursos que se utilizan para comunicar y localizar en qué parte puede encontrarse determinada información, por ejemplo, en el caso de los periódicos es importante llamar la atención sobre la diferencia en el tamaño de las letras, para que adviertan que este recurso se utiliza para destacar aquello que resulta más relevante.

También se puede despertar la curiosidad por localizar las noticias referidas a un tema de interés, por ejemplo, deportivas, o aquellas que informan sobre las actividades infantiles recreativas que se realizarán en la ciudad, entre otras variantes. Al mismo tiempo, estas acciones irán creando premisas básicas para despertar el interés por la lectura, la cual debe percibirse como fuente para obtener conocimientos.

De igual modo, la familia puede utilizar revistas con el propósito de llamar la atención sobre las imágenes, para que distingan a quiénes van dirigidas e infieran el tema que tratan. En todos los casos se precisa que los niños adviertan la utilidad de los textos escritos y experimenten placer al conocer la información que aportan.

Se pueden realizar juegos de lectura, que consisten en que miembros de la familia compartan espacios de lectura, los adultos pueden leer una parte del texto y brindarán la oportunidad al niño, para que desde su "papel de lector" pueda mediante la interpretación de las imágenes que observa "leer" el texto.

Resumen

La familia debe tomar conciencia de que constituyen el principal modelo en el uso de los procedimientos comunicativos. Todos sus miembros deben integrar sus acciones educativas para generar en los pequeños la necesidad de comunicarse y perfeccionar el desarrollo que en este sentido van alcanzando; para lo que se precisa valorar los resultados a partir de los efectos producidos en las interacciones sociales que establecen.

El desarrollo de la comunicación introduce cambios importantes en las interrelaciones que establece el niño con el entorno en que se desenvuelve. Algunos de ellos se expresan en:

- La ampliación de las interacciones sociales mediante la utilización de diversos procedimientos comunicativos.
- La posibilidad de acceder a la experiencia histórico cultural.
- La posibilidad de discriminar objetos, acciones, cualidades, así como un análisis detallado de todos los estímulos que recibe del entorno que les permite agruparlos por categorías.
- El perfeccionamiento de todos los procesos cognitivos y afectivos que modifican el comportamiento de los niños, que paulatinamente adquiere un carácter voluntario como resultado de la función reguladora de la comunicación.
- La posibilidad de conocerse a sí mismo y a los otros mediante la valoración que de ellos obtienen en el desarrollo de las más diversas actividades.

BIBLIOGRAFÍA

BRUNER, JEROME: *El habla del niño. Cognición y desarrollo humano*, Ed. Paidós, Barcelona-Buenos Aires-México, 1998.

Cómo estimular el aprendizaje, GRUPO OCEANO, Barcelona, España [s/a].

CUENCA, MARITZA: "Estimulación del lenguaje del menor de seis años. Resultados de una investigación", en Programa Científico del Seminario de la Organización Mundial de Educación Prescolar, La Habana, 2005.

________________: "Hacia el perfeccionamiento del proceso educativo para el desarrollo de la comunicación en la primera infancia", en *Curso 1, Pedagogía 2015*, Encuentro Internacional por la Unidad de los Educadores, Sello editor Educación Cubana, La Habana, 2015.

ECO, HUMBERTO: *El Signo*, Ed. Labor, Barcelona, 1986.

ESCOBAR, FABIOLA: "Importancia de la educación inicial a partir de la mediación de los procesos cognitivos para el desarrollo integral", en *Laurus, Revista de la Universidad Pedagógica Experimental Libertador*, 12(21): 169-194, Caracas, Venezuela, 2006.

GALLEGO, ADRIANA PATRICIA, JOHN EDGAR CASTRO y JOHANNA MILENA REY: "El pensamiento científico en niños y niñas: algunas consideraciones e implicaciones", en *Memorias II EC*, 2(3); 22-29, 2008.

GÓMEZ, ARSENIO, JOSÉ M. GONZÁLEZ y EUGENIA DÍAZ: *Temas de Psicología para educadoras*, Ed. Pueblo y Educación, La Habana, 2012.

Grevennikov, Iván y Yuri Smanovki: *Nuestros hijos,* Ed. Progreso, Moscú, 1991.

Karlen, Hilda: "Curiosidad infantil y angustia de castración", en *VII Congreso de Investigación y Práctica Profesional en Psicología,* Universidad de Buenos Aires, Facultad de Psicología, Buenos Aires, 2016.

Lacunza, Ana Betina: "Las habilidades sociales como recursos para el desarrollo de fortalezas en la infancia", en revista *Psicodebate 10, Psicología, Cultura y Sociedad,* Buenos Aires, Argentina, 2012.

Martínez, Franklin: *El lenguaje oral,* Ed. Pueblo y Educación, La Habana, 2005.

Moya, Andrés: "La matemática de los niños y las niñas. Contribuyendo a la equidad", en *Sapiens, Revista Universitaria de investigación,* 5(2): 23-36, Caracas, Venezuela, 2005.

Romeú, Angelina: *Comunicación y enseñanza de la lengua,* Ed. Pueblo y Educación, La Habana, 2003.

Sanchez, Yadira, Gerardo Peña y Rosa Salmea-Nieto: "Desarrollo intelectual en la primera infancia", en *Polo del conocimiento,* 2(8), septiembre, 2017.

Venguer, Leoniv y Alexei Venguer: *El hogar: una escuela del pensamiento,* Ed. Progreso, Moscú, 1988.

Vigostky, Lev: *Pensamiento y Lenguaje,* Ed. Pueblo y Educación, La Habana, 2002.

ÍNDICE